# 嫌なことを笑って済ませるの習慣

り、怒ったりは負の心理

植西聰
Uenishi Akira

さくら舎

# まえがき

「笑って暮らすも一生、泣いて暮らすも一生」

これはドイツの格言です。

自分自身で「笑って一生暮らしていこう」と心に決めれば、明るく楽しく笑って生きていくことができます。

辛《つら》いこと、苦しいことがあっても、落ち込んだり、めげることなく、笑って済ましていくことができます。

「心の中で笑って生きるも、泣いて生きるも、その人の決心次第だ」というのが、このドイツの格言の意味です。

心で笑って生きる人には、泣いて生きる人よりもラッキーな出来事がたくさんある、ということではありません。

泣いて生きる人は、笑って生きる人よりも不運な経験をたくさんする、ということでもありません。

幸福な出来事も、辛い経験も、誰もが同じ分だけ与えられるのです。

心で笑って生きる人は、そのような人生の中で、「私は笑って陽気に生きていこう」と決心したのです。

一方で、心の中で泣いて生きる人は、その時々の辛い感情に流されるまま生きているのでしょう。

「人生が思い通りにならず、悲しい」

「もうダメだ。心が折れてしまいそうだ」

「この世の中、腹が立つことばかりだ」

「こんな苦しい仕事からは逃げ出したい」

といったような言葉ばかり口にして生きている人がいます。

このようなタイプの人は、きっと、自分では気づかないうちに「泣いて生きる」ということを選択しているのかもしれません。

それに対して「心で笑って生きる」と決心している人は違います。

「人生はなかなか思い通りにならないが、そうであっても笑って前向きに生きていこう」

「もうダメだ？　本当にダメなのか？　いや、なんとかなりそうだ。深刻《しんこく》に考えずに、笑って済まそう」

「確かに腹が立つことも多いけれど、怒ってばかりいてもしょうがない。楽しく笑って生きていこう」

「仕事は苦しいものだが、楽しいことだってある。喜ばしいことだってある。だから笑いながら元気に働いていこう」

「心で笑って生きる」と決めている人は、このような楽観的な考え方ができるのです。笑って生きていくほうが、人にとって幸せであるはずです。

本書では、「心で笑って生きる」ためのコツ、辛いことがあっても「心で笑って済ませる」ためのヒントを数多くまとめました。

読者の方々に参考になる部分があれば幸いです。

植西《うえにし》　聰《あきら》

# 目次◉嫌なことを笑って済ませる心の習慣

## 第2章 嫌なことを笑って忘れる習慣

## 第3章　プレッシャーを笑って楽しむ習慣

## 第4章　マイナス思考を笑って変える習慣

## 第5章　自己嫌悪《じこけんお》を笑って癒《い》やす習慣

## 第6章　怒りを笑って済ます習慣

## 第7章　他人のことを笑って許す習慣

## 第8章　執着心《しゅうちゃくしん》を笑って手放す習慣

## 第9章　コンプレックスを笑ってなくす習慣

# 嫌なことを笑って済ませる心の習慣

——めげたり、怒ったりは負の心理

# 第1章

# 心で笑って平穏《へいおん》に生きる習慣

# 心の中で笑うだけで、幸福感が満ちてくる

「笑う門《かど》には福来《きた》る」といいます。

「笑う」ということには、その人に幸福をもたらす力があるのです。

ただし、一口に「幸福」といっても色々な意味があります。

「幸福になる」という言葉を聞いて、人は色々なことを想像します。

ある人は、「お金持ちになる」ということをイメージするかもしれません。

また、ある人は、「好きな人と結ばれる」ということを考えるかもしれません。

「実業家として成功すること」ということを思う人もいるでしょう。

そのような幸福の意味もあると思いますが、笑うことで得られるもっとも貴重な、また、もっとも早く得られる幸福とは、「心に幸福感が満ちる」ということだと思います。

つまり、「心が明るくなる。心が前向きになる」ということです。

違った角度から言い換えれば、たとえお金持ちでなくても、残念ながら恋人がいなくても、まだ仕事で成功を手にできていなくても、気持ちよく心の中で笑うだけで明るい幸福感に満たされます。

そして「がんばっていこう」という意欲が生まれ、「私ならなんとかできる」という自信を得ることができます。

今、自分がどのような状況におかれているとしても、笑うことで「生きているだけで、私は幸せだ」と、胸を張って言えるようになります。

それが「笑う」ということも、かけがえのない大切な価値です。

だからこそ、嫌なことがあっても、失敗することがあっても、「心の中で笑って済ます」ということが大切になってきます。

**嫌なことがあっても、失敗しても、大切なことは「心の中で笑う」ことだ。**

# 心で笑うと気持ちが元気になり、そして穏やかになる

「笑うと、気持ちが明るくなる」というのは、現在、科学的にも証明されています。

笑うと、脳の中で、幸福感を増す働きをする物質がたくさん分泌されるようになります。

そのために気持ちが明るく前向きになります。

また、笑うことで副交感神経《ふくこうかんしんけい》の働きがよくなります。

これにも精神を穏《おだ》やかにする働きがあります。

この際、かならずしも、声に出して笑う必要はありません。

朗《ほが》らかにほほえむだけでも、この気持ちを明るくする、また気持ちを穏やかにする効果が期待できます。

また、いわゆる作り笑いであっても、精神面によい影響が与えられるといわれています。

「作り笑い」とは、「おかしいことがなくても、笑う」ということです。

たとえば、仕事で嫌なことがあったとします。

とても笑える心境ではないかもしれませんが、そこで楽天的な気持ちになって笑うのです。

声に出して笑う必要はありません。そんなことをしたら、まわりの人たちに怪《あや》しまれてしまうかもしれません。

心の中で「気にしない、気にしない」と自分に言い聞かせて、心の中で「辛《つら》いことにめげずに、笑っている自分」をイメージするだけでもいいのです。

そうすることで、気持ちが前向きになり、また穏やかになっていきます。

その結果、落ち込みや悩みといったネガティブ感情から悪い影響を受けずに済みます。

**「気にしない」と自分に言い聞かせて、心の中で笑う。**

# 表情を変えることで、気持ちも変わっていく

意識的に表情を変化させると、それに合わせて不思議なことに気持ちも変わってきます。

たとえば、笑顔を作ります。

面白いこと、楽しいことがなかったとしても、口角《こうかく》を上げて、穏やかな表情を心がけて、ニッコリと笑ってみるのです。

すると気持ちまで明るくなっていくことに気づけます。

このように表情によって気持ちが変化していくことを、心理学では、「フェイシャル・フィードバック現象」といいます。

サッカーや野球といったスポーツ競技では、ピンチになった状況で、選手たちで集まって笑顔でお互いを励《はげ》まし合っている場面を見ることがあります。

選手たちは、内心では、本当は、「このままでは負ける」という苦しい思いで一杯だと思います。

しかし、苦しい思いでいるのでは、「逆転してやる」という闘志《とうし》がわきません。

そこで意識してお互いに「元気な笑顔」を作ることによって、気持ちを奮《ふる》い立たせていると考えられます。

一般の人たちも、たとえば仕事の場で、苦しい状況に立たされたときは、しかめた顔ばかりしているのではなく、意識して笑顔を作ってみる、という方法があると思います。

苦しいからこそ笑顔を作ることで、気持ちが明るく元気になり、今の状況を乗り越えていこうという闘志もわいてきます。

笑顔が、心を元気にしてくれるのです。

**苦しい状況だからこそ、笑顔を作ってみる。**

# 意気込みすぎてミスを繰り返すより、むしろ表情を緩める

ある男性ゴルファーが、次のような話をしていました。

「あるコースでミスショットをして、散々な結果を出してしまいました。

心の中は、もちろん穏やかではいられません。

悔しい思いで一杯です。知らず知らずのうちに、その悔《くや》しい思いが表情に出てしまっているこ とに気づきました。

そのとき、私は意識して表情を緩《ゆる》めるように心がけるのです。

少し、ほほえんでいるような表情を作ります。

これは、次のコースでミスを挽回《ばんかい》するためのコツなのです」と。

悔しい思いを引きずったままでは、次のコースを回っていったときにプレーに集中でき

なくなります。また、「次で必ず、いいショットをするぞ」と、あまり意気込みすぎてしまっても、肩に力が入りすぎてミスを繰り返す怖《おそ》れがあります。

そこで、意識して表情を緩めて、少しほほえんでみるのです。

するとリラックスでき、精神的にも平常心《へいじょうしん》に戻れて、結果的に、次のコースでよいプレーができるようです。

この話は、サラリーマンなどにも参考にできる点があると思います。

たとえば、仕事でミスしたとき、もちろん悔しい思いになるでしょう。さらに「次に仕事でミスを挽回するぞ」と意気込むことになるでしょう。

しかし、その悔しいという感情に振り回されて集中力を失い、意気込みすぎてかえってミスを繰り返す、ということもあるかもしれません。

そうならば、むしろ、ミスをしても「笑って済ませる」という意識を持っておくほうが、よい結果を得られる可能性が高いのです。

**悔しい気持ちを顔に表すより、表情を緩めるほうがよい。**

## ここ一番で実力を発揮するために、笑顔になる

陸上競技の短距離《たんきょり》種目《しゅもく》に、１００メートル競走があります。

この種目に勝利するためには、「いかに自分の感情をコントロールできるか」ということが非常に重要な要素になるといわれています。

距離が短いだけに、「０・０１秒」の差で勝敗が分かれます。

感情の乱れが、走るフォームにちょっとした影響を与えれば、すぐにこの「０・０１秒」の差が開いてしまいます。

ちょっと意気込み、体の動きが固くなっただけで、「０・０１秒」の差が出てレースに負けてしまうのです。

オリンピックの１００メートル競技で輝かしい栄冠をつかんだ、カール・ルイスという

アメリカ人選手は、「ラスト20メートルを、笑顔で走り抜く」ということを心がけていたといわれています。

ゴール手前の、ラスト20メートルとは、まさに勝敗が決する瞬間です。

そこでは、もっとも「感情の乱れ」が出やすいのです。

彼は、その地点で、笑顔になります。

「笑顔になる」とは、精神をリラックスさせ平常心を保つための、彼ならではの工夫だったのです。

「笑顔にはリラックス効果がある。またリラックスすることで、ラスト20メートルで爆発的な力を発揮できる」と、彼は知っていたのです。

このように、プレッシャーがかかる重要な場面でガチガチに緊張してしまったというようなときに、意識して「笑顔になる」という方法もあります。

それは、「リラックスして爆発的な力を発揮する」ためなのです。

**笑顔になることでリラックスし、大きな力を発揮できる。**

# ストレス社会だからこそ、「笑って済ませる」が大切になる

過重《かじゅう》なストレスに悩んでいる人も多いと思います。

忙しい仕事に振り回されて、ストレスを溜《た》め込んでいる人もいます。

仕事のプレッシャーに押し潰されそうになって苦しんでいる人もいます。

急な環境の変化についていけずに、キレそうになっている人もいます。

人間関係のストレスに負けそうになっている人もいます。そのようなストレスに日々さらされながら暮らしているというのが、多くの人たちの現実ではないでしょうか。

だからこそ、「心の中で笑って済ませる」という意識を持つことが大切なのです。

「心の中で笑って済ませる」とは、言い換えれば、次のような意味になります。

＊気にしない。深刻《しんこく》に考えすぎない。
＊悩んでもしょうがないことは、悩まない。
＊楽天的に考える。悲観的にならない。
＊感情的にならない。心を安らかにする。
＊がんばりすぎない。楽な気持ちでいる。

つまり、失敗しても、うまくいかないことがあっても、問題に突き当たっても、人間関係でギクシャクすることがあっても、以上のようなことを心がけながら「心の中で笑って済ませる」ということを実践することで、ストレスが軽くなり、解消されます。

元気のなかった心に、元気がよみがえってきます。

暗く沈んでいた心に、明るい日差しが差し込んでくるように思えてきます。

その結果、人生は、いい方向へ向かって進みはじめるのです。

**「気にしない」「考えすぎない」「悩まない」で生きていく。**

# 笑うことは、体調維持のための「いい運動」にもなる

ストレスの多い日常生活を送っていたり、悩みごとを長い間引きずっていると、なんとなく体の調子が悪くなってくるものです。

しかし、病院へ行って検査《けんさ》をしても、どこにも異常がない場合が多いのです。

それにもかかわらず、元気が出なかったり、体がだるかったり、気分が晴れない、といった症状《しょうじょう》が消えないことがあります。

実は、ストレスや悩みごとは、知らず知らずのうちにその人の体力を消耗《しょうもう》させるものなのです。

そういう状態から抜け出して、再び元気を取り戻すためにも、「心の中で笑って済ませる」という習慣を持つことが大事です。

笑うことが、体がだるいという症状を改善《かいぜん》してくれるのです。

笑うと、まずは、ストレス解消《かいしょう》になります。

それのみならず、笑うということは、「いい運動」になることもわかっています。

笑うと腹筋がよく動きます。

また、笑うことによって大きく息が吐き出されますから、肺の中が浄化《じょうか》されます。

元気な体調を維持するためには、適度な運動習慣を持つことが役立つと、よく知られています。そのために、散歩をしたり、スポーツクラブに通っている人も多いと思います。

それに加えて「笑う」ということも内臓《ないぞう》のよい運動になり、元気な体調を維持するために非常に効果があるのです。


**「いい運動になる」という意識を持って、笑って済ませることを心がける。**

## 心の中で「笑っている自分」を、イメージするだけでもいい

哲学者で、アランとして知られているエミール＝オーギュスト・シャルティエ（19〜20世紀　フランス）は、

「人は幸福だから笑うわけではない。むしろ、笑うから幸福なのだといいたい」と述べました。

もちろん、幸福な気持ちでいるとき、その人の顔には自然に笑顔があふれてきます。

一方で、不幸な気持ちでいるとき、その人の顔からは笑顔が消えていきます。

しかし、アランは、「不幸な気持ちでいるときこそ、笑うことが大切だ」と言っているのです。

なぜなら、笑うことで、「人生には不幸なこともあるけど、めげることなくがんばって

いこう」という、前向きで、楽天的な気持ちになれるからです。

笑うことで、心が元気になり、明るくなるからです。

しかし、不幸な気持ちに強く打ちのめされ、あるいは強いストレスが過重になっている人は、「笑いたいと思っても、今の私には笑うことなんてできない」という心境になっている人が多いと思います。

そのような人は、無理をして大笑いする必要はありません。

無理に笑おうとすれば、かえってそれがストレスとなって、気持ちがいっそう落ち込んでいくことにもなりかねません。

軽くほほえむだけでいいのです。それだけでも、心が安らぎます。

抵抗ある人は顔で笑うのではなく、「心の中で笑う」というのでもいいのです。

心の中で、「明るく笑っている自分」の姿をイメージしてみます。

それだけでも、とても幸福な気持ちになれます。


**笑える心境にない人は、無理に大笑いすることはない。**

# 「笑うイメージ・トレーニング」が、性格を明るくする

スポーツ選手がおこなうトレーニングに、「イメージ・トレーニング」というものがあります。

これは肉体を使ったトレーニングとは違い、「心の中でおこなう」トレーニングです。

心の中で、「競技で活躍している自分」「下手に緊張することなく、平常心で競技に臨《のぞ》んでいる自分」「競技中に観客から称賛《しょうさん》されている自分」をイメージします。

そのようなイメージを、肉体的なトレーニングと同様に、日々の習慣としておこないます。

この「イメージによるトレーニング」を重ねていくことによって、自信と勇気を持って競技をすることができるようになります。

そして、プレッシャーが過度にかかる本番の競技でも、自分が持っている能力を存分《ぞんぶん》に発揮できるようになるのです。

「心の中で笑って済ませる」ということも、この「イメージ・トレーニング」に通じるものがあります。

「落ち込むようなことがあっても、元気に笑って乗り越えていく自分」をイメージします。

「苦しい状況になっても、笑いながら逞《たくま》しく打破《だは》していく自分」をイメージします。

そのように「笑うイメージ・トレーニング」を重ねていくことで、なにごとにも積極的に取り組んでいけるようになります。

生きていくことに自信が生まれ、なにごとにもへこたれない強い自分が育っていきます。

必要以上にまわりの人たちの視線を気にすることなく、自分らしく堂々と振る舞っていけるようになります。

そしてなによりも、自分の性格が明るくなっていきます。

**「笑って済ませることができる自分」をイメージする。**

## 寝る前と朝に、「明るく笑う自分」をイメージする

「笑うイメージ・トレーニング」は、夜寝る前と、朝におこなうのが効果的です。

「夜寝る前、嫌なことを思い出してしまう」という人は多くいます。

「明日も上司からガミガミ言われなければならないのか」

「明日は月末だ。今月のノルマを達成《たっせい》できなかったらどうしよう」

そんな気がかりなことや心配ごとを心に思い浮かべてしまうと寝つきが悪くなり、熟睡もできなくなります。

翌朝も嫌な気持ちで目覚めなければならなくなって、当然、会社に行ってからも、元気はつらつとした態度で仕事に臨めなくなります。

そのために、気がかりに思っていた通り、心配していた通りに、上司にガミガミ怒られ、

ノルマも達成できない、という結果になることも多いでしょう。

すると、再び、夜寝る前に悪いことを思い浮かべる……という悪循環《あくじゅんかん》にはまってしまうのです。

夜寝る前は、気がかりなこと、心配ごとを思い浮かべるのではなく、意識して「笑顔で明るく働いている自分」や「仕事で成果を挙げて、みんなに称賛されて笑っている自分」をイメージします。すると、心地のよい眠りを得られます。

翌朝も気持ちよく目覚めることができ、「再び元気に笑っている自分」をイメージしながら会社へ行くことができます。

その結果、この夜と朝とにおこなうイメージ・トレーニングが功を奏《そう》して、仕事に自信を持って積極的に取り組んでいけます。

そうして、人生がよい方向へと向かっていくのです。


**夜寝る前に、気がかりなことを思い浮かべないほうがいい。**

## 「笑」という文字には、「楽しむ」という意味がある

これは一つの説ですが、「笑」という文字には、次のような語源があるといわれています。

まず、「笑」という文字の「夭」には、「若い。みずみずしい」といった意味があります。

「笑」という文字には、この「夭」に竹冠《たけかんむり》がついています。

つまり「笑」という文字は、「若い人が、お祭りで、竹の飾りを持って楽しく踊っている姿」を表しているといわれています。

また、この竹冠は、単純に、「人が手を上げて、楽しそうに踊っている姿」だとする説もあります。

いずれにしても大切なのは、「笑」という言葉には、「人が楽しんでいる姿」が表されて

いるという点です。

そのような意味を知ると、「笑」という文字を眺《なが》めているだけで、気分が明るく楽しくなってくるから不思議です。

落ち込んだとき、思い悩んでしまったとき、この「笑」という文字を頭に浮かべてもいいでしょう。

それだけでも、心がウキウキしてくるのではないでしょうか。

さらに「どうにかなる。だいじょうぶ」と、楽天的な気持ちになってくると思います。

いつも頭のどこかに「笑」という文字を思い浮かべながら暮らしていくことも、よいイメージ・トレーニングになります。

また、この「笑」という文字を思い浮かべながら、実際に自分の顔にほほえみを浮かべて、気分転換するのもいいと思います。


**「笑」という文字を、イメージ・トレーニングに使う。**

# 第2章　嫌なことを笑って忘れる習慣

# 嫌な経験を、「上手に忘れる方法」を心得る

「上手に忘れる」ということは、幸福な人生を実現するための大切な方法の一つです。

嫌な経験を、いつまでも忘れられずにいる人がいます。

そういう人は仕事の失敗、人からバカにされた経験、恥をかいた経験……そういったことを、いつまでも忘れられずに引きずってしまうのです。

そうなると、自分の殻《から》に閉じこもって悩み続けることになります。そのために人生の次のステップへと進んでいけないのです。

そのような人生は、決して、幸せなものとはいえないでしょう。

確かに、嫌な経験を忘れるということは、そう簡単なことではないと思います。

人間には「忘れたい。忘れよう」と強く意識すればするほど、かえって思い出してしま

う、という心理があります。

しかし、忘れる方法がないわけではありません。

その方法の一つが、「心の中で笑って済ませる」ということなのです。

たとえば、仕事の失敗を気に病《や》むのではなく、「私ってドジだなあ。つまらない失敗ばかりしている。自分で自分を笑いたくなってしまう」と考えてみます。

この「自分で自分を笑いたくなってしまう」という意識を持つことが重要なのです。

いい意味で「ダメな自分を笑う」ということができれば、心が楽になります。

それだけ早く、嫌なことも忘れられるのです。

「私としたことが、どうしてあんな失敗をしてしまったのか」と、あまり深刻《しんこく》に受け止めないことです。「失敗しても、またやり直せばいい」と、楽天的に考えることが大切です。

楽天的になれば、「心の中で笑って済ませる」ことができます。


**気に病むのではなく、「笑って済ませる」ことができれば早く忘れられる。**

# 恥ずかしい経験を、笑い話にする

ある女性は、好きな男性との初めてのデートの際に、喫茶店で飲みものをこぼしてしまいました。彼女は、着ていた自分の洋服を汚してしまいました。

そのために、せっかくのデートは台無しになりました。

汚れたままの洋服では外を出歩けないので、彼女はデートを切り上げて、そのまま家へ帰らなければならなくなったのです。

その男性とは、それ以来、会っていないといいます。

恥ずかしくて、会うことができなくなってしまったのです。

彼女は今でも、そのときの「恥ずかしい経験」を気に病んで悩み続けています。

この女性は、「笑って済ませる」ことができない人だったのです。

もし、好きな人の前で飲みものをこぼしたという経験を笑って済ませることができる人だったら、今ごろはきっと気に病む思いなど吹っ切っていたでしょう。

自分が経験したことを、友人に「彼の前で、こんな失敗しちゃって〜」と笑い話にできる人だったら、いつまでも思い悩むことなどなかったでしょう。

そのときの好きな男性とも、また改めてデートする機会を作ることができたと思います。

しかし、そのように上手に「笑って済ます」ということができないために、彼女は恥ずかしい出来事を忘れられずに、今もって思い悩んでいるのです。

「笑って済ませる」には、勇気がいります。

友人に、恥ずかしい経験を打ち明けるには、勇気がいります。

しかし、勇気を出して打ち明けて、みずから笑い飛ばしてしまうほうが結果的にはいいのです。

そうすることで、恥ずかしい思いを吹っ切って、前向きに生きていけます。

**恥ずかしい思いを、笑い飛ばして吹っ切る。**

# 気持ちよく笑うことで、心が浄化されている

心理学に「カタルシス効果」という言葉があります。

「カタルシス」はギリシア語で「浄化」という意味です。

そのことから、この「カタルシス効果」は、「心の浄化作用」と呼ばれることもあります。

心の内にある嫌な思い、悩み、不安、心配といったネガティブ感情は、「言葉にして表現する」という方法によって軽減します。

たとえば、「信頼できる人に会って、言葉にして悩みごとを打ち明け、話を聞いてもらう」ということです。

そういう方法によって、ネガティブ感情で重苦しくなっていた心が浄化され、楽な気分

になれます。

もちろん前向きな気持ちにもなれます。

それが心理学でいう「カタルシス効果」、あるいは「心の浄化作用」と呼ばれるものです。

したがって、なにか嫌な経験をしたときには、親しい友人や家族に話を聞いてもらうと心が楽になるのです。

また、その際には、あまり深刻な調子で相談するよりも、「話を聞いてもらって、笑って済まそう」といったくらいの楽な調子でおこなうほうが効果的です。

なぜなら、心に溜《た》まっているものが浄化される作用が効果的に働くからです。

「浄化される」とは、「上手に忘れられる」とも言い換えられます。

人に話せば嫌なことをきれいさっぱり忘れて、新鮮な気持ちで前向きに生きていけるようになるのです。


**「笑って済ませる」というつもりで、友人に悩みごとを打ち明ける。**

## 「笑い」を提供してくれるものを、利用してみる

世界的に有名なファンタジー小説、「ムーミン・シリーズ」の原作者であるトーベ・ヤンソン（20～21世紀　フィンランド）は、

「嫌なことはすべて忘れるに限る。忘れることで、いつも幸せでいられる」と述べました。

この言葉にあるように、「上手に忘れる」ということが、その人の人生の幸福につながっていきます。

そして上手に忘れる方法の一つとして、「心の中で笑って済ませる」ということがあるのです。

この「心の中で笑って済ませる」には二つの方法があります。

一つには、嫌な経験自体を笑い話にして、身のまわりの人に語ることです。

親しい間柄の人と、明るい雰囲気で、「こんなことになっちゃって〜」「あなたってダメね〜」と笑い合っているうちに心が軽くなり、嫌なことを忘れられます。

もう一つには、その出来事とは直接は関係のない、面白いことをして大いに笑う、ということです。

コメディ映画を観たり、テレビのお笑い番組を観る、という方法です。

マンガを読んだり、ユーモア集といった種類の本を読んでもいいでしょう。

このように、まったく別の話題で大いに笑い合ってもいいと思います。

陽気に笑っているうちに、嫌なことを忘れられて、心が元気になっていくでしょう。

自分の経験を笑い話にするか、それとも自分の経験とは関係のないことで笑い合うかは、そのときの自分の心境や状況によって選択すればいいでしょう。

## テレビのお笑い番組を観て笑う、という方法もある。

## 昔の楽しい思い出を心に浮かべ、静かにほほえむ

精神的なショックが大きかったり、深く思い悩んだりして、「笑いたくても、笑うことなどできない」という心境になっている人もいるかもしれません。

気持ちが落ち込んでいるときは、「人に会いたくない。テレビも観たくない。本も読みたくない」という心境にもなりがちです。

自分の殻《から》に閉じこもっていたい、という気持ちでしょう。

そんなときは、無理をして人に会ったり、テレビを観たりする必要はありません。

一人静かな環境に身を置きながら、昔あった楽しい経験を思い出します。

思い出してみれば、「私はかならずしも嫌な経験ばかりしてきたわけではなかった。楽しかったこともたくさんあった」ということに気づくはずです。

そんな「楽しかったこと」を思い出しながら、静かにほほえんでみましょう。

心の中だけで笑ってみる、というのでもいいのです。

それだけでも心が安らぎます。

もちろん、楽しいことを思い出している間は、嫌なことを考えずに済みます。

楽しいことを思い出しては静かにほほえむということを繰り返していくうちに、次第次第に嫌なことを忘れられます。

そして、心に元気が戻ってくれば、「人に会いたい」という気持ちもわいてきます。

人に会って、明るい声を出して笑う、ということもできるようになっていきます。

そうなればもう心配はないでしょう。

前を向いて、力強く生きていけます。


**「笑えない」という心境のときは、静かにほほえむだけでもいい。**

# 経験は忘れられなくても、「嫌な思い」は忘れられる

人間には、「時が経つと忘れやすい記憶」と「時が経っても、なかなか忘れられない記憶」があります。

たとえば、学生のとき、試験勉強のために覚えた歴史の年号といったものは、社会人になれば、歴史に関わる仕事にでも就《つ》かない限り、ほとんど忘れてしまいます。

一方で、たとえば、学生時代に、好きな相手からフラれた経験といった記憶は、その後何年経ってもなかなか忘れられないものです。

歴史の年号といった記憶を、心理学では「意味記憶」と呼びます。これは、いわば「知識の記憶」です。年号、公式、人物の名前といった「知識の記憶」です。

このような「知識の記憶」は、記憶に残りにくいという特徴《とくちょう》があります。

一方で、「好きな相手からフラれた」といった記憶は、心理学では「エピソード記憶」と呼ばれます。これは、いわば「経験の記憶」です。

この「経験の記憶」は、そのあともずっと記憶に残りやすい性質があります。

人が「嫌なことを忘れられない」というとき、その「嫌なこと」とは、その人が経験したことではないかと思います。

失恋の経験、仕事で失敗した経験、人からバカにされた経験などです。

つまり「エピソード記憶」です。

このような「経験の記憶」は、確かに、忘れることが難しいのです。

しかし、経験したことを忘れられなくても、その経験にまつわる「悔《くや》しい思い」「辛《つら》い思い」「怒りの思い」といったネガティブ感情を忘れ去ることは可能です。

そのようなネガティブ感情を忘れ去り、心の中から排除《はいじょ》するために、「笑って済ませる」ということを心がけることが役立ちます。

**経験を忘れるのではなく、「悔しい」「辛い」といった思いを忘れる。**

## 楽天思考で、「嫌な経験」が「よい経験」に変わる

たとえば、「仕事で失敗して、上司から叱られる」という経験をしたとします。

この経験は、心理学でいう「エピソード記憶」として頭に残ります。

「経験の記憶」を忘れ去ることは難しいのです。

しかし、この経験にともなう、「辛い」「悲しい」「悩ましい」というネガティブ感情は、頭の中から消し去ることが可能です。

そのために大切なのが、楽天思考です。

「仕事で失敗して、上司から叱られる」という経験を「辛く、悲しく、悩ましい経験」として忘れられない人は、その経験を否定的に考えていると思います。

「仕事で失敗する→自分には能力がない」

「上司から叱られる↓上司から見捨てられる」

といったようにです。

しかし、楽天思考に立てば、次のように考えることもできます。

「仕事で失敗する↓いい勉強になった。成長することができた」

「上司から叱られる↓自分に期待してくれているから叱ってくれる」

このように楽天的に考え直すことができれば、思い悩んでいた表情に、自然に明るい笑顔が浮かんでくると思います。

そして、自分の表情に笑顔が戻ってきたことに、自分自身で気づくことによって、いっそう気持ちが楽になっていきます。

その結果、心にも体にも元気がよみがえってきます。

そうなれば「仕事で失敗して、上司から叱られる」という経験は、「辛く、悲しく、悩ましい経験」どころか、「非常に価値のある経験」になります。

**楽天思考に立って、価値観の転換《てんかん》をしてみる。**

# 時の経過と共に、「辛い経験」が「貴重な経験」へ変わる

ある経験を、その人がどう感じるかということは、立場の変化や、あるいは時の経過によって変わってきます。

ある男性は、新入社員だったころ、配属された部署の上司がとても厳しい人だったのです。

当時は、「あんな上司なんて大っ嫌いだ。どうして私は、こんな辛い思いをしなければならないのか」という思いがしていたそうです。

しかし、それから十年経ち、その男性も出世して管理職になりました。

そんな彼は、新入社員だったころの上司を思い出して、「あのころ厳しくしてもらったから、私は大いに成長できた。今の私があるのは、あのとき上司に厳しく接してもらった

おかげだ。そういう意味では、あれは貴重な経験だった」と考えることがよくあるというのです。

同じ経験をしても、このように、自分が違う立場になったり、時間が経過したりすると、まったく感じ方が変わってくることがあります。

「辛い経験」が「貴重な経験」に思えてくることすらよくあるのです。

今、辛い経験、嫌な経験を忘れられずに思い悩んでいる人がいるかもしれません。

しかし、あまり深刻に考えすぎないようにすることが大切です。

何かのきっかけで、辛い経験、嫌な経験が貴重な経験が、いい思い出に変わることもあるからです。

ですから、日々の生活の中で「心の中で笑って済ませる」ということを意識していくほうが賢明《けんめい》です。それが未来への幸福につながっていく生き方です。

**「嫌な経験」が、そのままずっと記憶され続けることはない。**

# 明確な願望があれば、小さなことは気にならない

明確な願望を持ち、それに向かって一生懸命になって突き進んでいく人は、小さなことを気にしません。

ちょっとした失敗や、まわりの人たちからちょっとした誤解《ごかい》を受けることがあっても、「私には大きな願望がある。それを実現するためには、今、こんなことでいちいち悩んでいられない」という考え方ができるのです。

明確な願望に向かって生きている人は、「前だけを向いて歩いていく人」といえます。

「小さな悩みごと」「どうでもいい心配ごと」といったことは、その人が進んでいく道の横や後ろで発生します。

したがって、とにかく前だけを向き、前方にある「願望」へ向かって歩いていく人には、

自分の横や後ろで起こることなどはそれほど気にならないものです。

一方で、明確な願望を持っていない人は、同じ道を歩いていくにしても、まわりをキョロキョロ眺めながら歩いています。

ですから、横や後ろで「小さな悩みごと」「どうでもいい心配ごと」が発生すると、過敏に反応してしまいます。

そして、そこで立ち止まったり、時には歩いてきた道を逆戻りすることになるのです。

大切なことは、自分なりの、明確な願望を持つことです。

そうすれば、まわりをキョロキョロするのではなく、前だけを向いて歩いていけるようになります。

そうなれば「小さな悩みごと」「どうでもいい心配ごと」を、笑って済ませることができるようになります。


**自分なりの願望を持ち、それに向かって前だけを見て生きていく。**

# 楽天的な言葉が、その人を笑顔にする

「まあ、いいか」
「どうにかなる」
「気にしない」

このような楽天的な言葉を口グセにすることも、「心の中で笑って済ませる」という生き方を実践していくコツになります。

「どうしよう」
「もうダメだ」
「気になってしょうがない」

といった悲観的な言葉が口グセになっている人もいるかもしれません。

しかし、このような悲観的な言葉を口にしていると、自分の気持ちがいっそうマイナスになっていくばかりです。気持ちが滅入《めい》って、落ち込んでいくだけです。

それでなくても慌ただしい、ストレスだらけの現代に暮らしている人は、ついこのような悲観的な言葉を口にしてしまうことが多いのです。

自分で気づかないうちに、「ああ、どうしよう。もうダメだ」と言ってしまいます。

そして、そんなネガティブな意味を持つ言葉を口にしてしまったことで、みずからの心をいっそう切羽詰《せっぱつ》まった心境にしてしまうのです。

言葉は、その人の心に与える影響が大きいことがあります。

ですから、悲観的な言葉、ネガティブな言葉は、なるべく使わないことです。

そして、「まあ、いいか」「どうにかなる」「気にしない」といった楽天的な言葉を使っていくよう心がけることが大切です。

**悲観的な言葉を使わない。楽天的な言葉を口グセにしていく。**

# 第3章　プレッシャーを笑って楽しむ習慣

## 「プレッシャーを楽しむ」ことを、心がけていく

ストレス解消法《かいしょうほう》の一つに、「プレッシャーを楽しむ」というものがあります。

大舞台で、たくさんの人の注目を集めながら、大きなことを成し遂げようとすれば、それだけ大きなプレッシャーがかかります

たとえば、会社でビッグプロジェクトを任されたとします。

大きなプロジェクトですから、社内の人間は誰もが、それが成功するかどうかを見守っています。

他のライバル会社からも注目されます。

そのような状況の中で、そのビッグプロジェクトを推し進めていくということは、当然大きなプレッシャーがかかってきます。

しかも、ビッグプロジェクトであれば、多額の予算もつぎ込まれます。

もし失敗すれば、そのお金を無駄にしてしまうことにもなりかねません。

そうなれば、社内での自分の立場も危うくなることでしょう。

しかし、そのようなプレッシャーに押し潰《つぶ》されていたのでは、気持ちが消極的になって仕事はうまくいきません。

そこで「プレッシャーを楽しむ」という意識を持つことが大切になってきます。

どんなに大きなプレッシャーを感じても、それを「心で笑って済ませる」というような楽天的な気持ちを持つことです。

そのような楽天的な気持ちを持ってこそ、肩から余計な力が抜け、精神的にもリラックスでき、存分に自分が持っている実力を発揮《はっき》できます。

笑って済ませる、楽天的な気持ちで楽しむ……という意識を持つほうが、結果的にはうまくいきます。


**プレッシャーに押し潰されてはダメ、プレッシャーを楽しむ。**

## 完璧主義になると、プレッシャーに押し潰される

「プレッシャーを楽しむ」という意識を持つコツの一つに、「完璧《かんぺき》主義におちいらない」というものがあります。

大きな仕事を任されるのは、それだけ自分が期待されている証《あか》しです。

「ぜひ期待に応えたい。自分の力で、その仕事を成功に導《みちび》きたい」という意欲も高まります。

それはもちろんよいことなのですが、やる気がみなぎりすぎて、そこでかえって、完璧主義におちいってしまう人がいます。

「文句のつけどころがないような、100パーセントの成功を得たい」という気持ちになってしまうのです。

しかし、このような完璧主義におちいると、「プレッシャーを楽しむ」どころか、「プレッシャーに押し潰される」ことになりがちです。

というのも、そもそも仕事は「１００パーセントうまくいく」ということなど、まずあり得ません。

どんなにがんばっても、どこかに不都合な点、不満足なところが出てくるものです。

仕事に完璧を求めると、そのたびにイライラしたり、ストレスを溜《た》め込むことになります。

そのために精神的なゆとりがなくなって、「プレッシャーに押し潰される」危険が増してきます。

したがって、「やってやるぞ」と意欲を高めるのはよいのですが、「80パーセントうまくいけば満足だ」くらいの気持ちでいるほうがいいのです。

そうすることで「プレッシャーを楽しむ」ことができます。

**ゆとりを持って、「80パーセントうまくいけば満足」と考える。**

# 心配していることは、あまり起こらない

人は、なぜプレッシャーを感じるのでしょうか。

その大きな理由の一つに、「失敗することへの怖《おそ》れ」があります。

「もし失敗したら、私の立場がどうなるのか？」

「失敗したら、まわりの人からの信頼を失うことになるだろう」

「失敗したら、社内でバッシングを受けることになる」

そういった怖れからプレッシャーがますます強まっていきます。

さらに押し進めて考えてみると、失敗することへの怖れを弱めることで、プレッシャーが弱まることがわかります。

そうすればプレッシャーに押し潰されるのではなく、プレッシャーを楽しむことができ

るようになるのです。

そのためには、楽天的な気持ちを持つことが大切です。

「失敗しても、なんとかなる」

「もし失敗することになっても、笑って済ませよう」

といったぐらい、楽天的な気持ちでいるのがよいのです。

そうすることで心配が和らぎ、プレッシャーが弱まります。

プレッシャーを楽しむことができるようになり、自分が持っている実力を大いに発揮して、結果的にいい成果を挙げられます。

人が心配していることは、あまり起こらないことが多々あります。

「取り越し苦労」という言葉もあります。

どうなるかわからない未来のことを心配しても、実際には心配していたことは起こらず、精神的な苦労をしただけで終わった……という意味ですが、そういうこともよくあります。


**「失敗しても、なんとかなる」と、楽天的な気持ちでいる。**

# 責任を自分一人で、背負い込もうと思わない

「失敗することへの怖れ」には、二種類あります。

一つには、自分自身のことに関する怖れの感情です。

「もしも失敗したら、私が責任を問われることになる」といった、自分の立場、地位、収入、つまり、現在の生活といったものが危うくなることからくる怖れです。

もう一つは、強い責任感からくる怖れです。

「私がこの事業に失敗したら、会社の経営が大きく傾くことになる」

「この商売に失敗したら、家族を路頭《ろとう》に迷わせることになる」

このように会社、部下、あるいは家族への責任感からくる「失敗することへの怖れ」です。特に、責任感の強い人は、自分の身の上に起こることへの怖れよりも、会社や家族の

将来への怖れを強く抱《いだ》く傾向《けいこう》があります。

そして、会社のため、家族のため、「絶対に失敗できない」という思いを強く抱きます。

しかし、この「失敗できない」思いが、かえって大きなプレッシャーになってしまうことがあります。

会社や家族に責任感を持つことは、人の生き方として誠実《せいじつ》なことだと思います。

しかし、そのために自分自身がプレッシャーに押し潰されるのでは元も子もありません。

このプレッシャーを軽くするためには、会社や家族への責任を自分一人で背負い込もうと思うのではなく、もしうまくいかないことになっても、仕事仲間全員で、家族みんなで「明るく笑って乗り越えていこう」という楽天的な気持ちを持つことが大切になってきます。


**仕事仲間全員で、家族みんなで「明るく笑って乗り越えていこう」と考える。**

## しっかり事前準備をして、失敗への怖れを弱める

第三五代アメリカ大統領だったジョン・F・ケネディ（20世紀　アメリカ）は、「失敗を怖れない者だけが、偉大なことを成し遂《と》げる」と述べました。

確かにその通りだと思います。

失敗を怖れていたのでは、チャレンジ精神を発揮して積極的にものごとに取り組めません。

なにをするにもオドオドとした姿勢を示すことになります。

それでは自分の能力を生かすこともできず、成功は望めないでしょう。

したがって、「失敗を怖れない」ということが大切になってきます。

では、具体的にどうすれば、失敗を怖れない心を作ることができるのでしょうか。

＊闇雲《やみくも》に仕事を進めるのではなく、ちゃんと仕事の計画や段取りをつけておく。
＊事前に情報を集め、起こりうるリスクをあらかじめ予想しておく。
＊問題が起こったときの対処策《たいしょさく》も、しっかり考えておく。
＊以上のことを、頭の中でシミュレーション（模擬的《もぎてき》にイメージすること）する。

一口でいえば、「しっかり事前準備をしておく」ということです。

しっかりした準備があれば、失敗することへの怖れが弱まります。

プレッシャーも弱まって、むしろ「プレッシャーを楽しむ」ことができるようになります。心が楽になり、「失敗しても、笑って済ませばいい」という気持ちも生まれてきます。

そのようにリラックスして、平常心《へいじょうしん》でものごとに取り組んでこそ、自分が持っている能力を存分に発揮できるのです。


**事前に立てた成功への段取りをシミュレーションしてみる。**

## 立ち止まっているから怖くなる、今すぐ行動する

一生懸命になってなにかに取り組んでいるときは、人はそれほど「失敗することへの怖れ」を感じることはありません。

失敗を怖れる気持ちが生じるのは、活動をやめているときです。

なにもしないで物思いにふけっているときです。

子どもが初めて自転車に乗ることに挑戦するとき、転ぶことに強い恐怖心を感じるのは、自転車に乗り出す前です。

実際に自転車に乗ってしまえば、とにかくペダルをこいで自転車を前に進めることに夢中になって、転ぶことへの恐怖心など消えています。

「仕事で失敗することへの怖れ」も、子どもの自転車乗りと同じです。

仕事で失敗することが恐くなり、そのプレッシャーで押し潰されそうになったときは、とにかく動き出すことが大切です。

そこで立ち止まっていると、どんどん恐怖心が強まっていくばかりです。

手と足と頭を使って、今やるべき仕事に集中するのです。

夢中になって仕事に取り組んでいるときは、恐怖心はどこかに消え去っているものなのです。

思想家、また詩人だったラルフ・ワルド・エマーソン（19世紀　アメリカ）は、

「怖れているものをやってみる。そうすれば恐怖心は消える」と述べました。仕事の失敗を怖れているなら、今やるべき仕事に集中することです。それが仕事の失敗を怖れる気持ちを消し去るコツです。

怖くなったら動く……ということも「心で笑って済ませる」ためのヒントになります。

**夢中になってなにかに取り組んでいるときは、人は恐怖心を感じない。**

## 「怖れないで済む理由」を、書き出してみる

「失敗することへの怖れ」を弱める方法の一つに、「書き出す」というものがあります。

まずは、どのようなことを自分が怖れているのかを具体的に書き出していきます。

「私が企画開発した商品がヒットしなかったら、どうなるか」

「上司から叱られる。社内での自分の評価が下がる」

「この会社に、自分の居場所がなくなってしまうかもしれない」

次に、本当にそのようなことを怖れるべきなのかどうかを考えてから、もう一度怖れる必要はない理由を書き出してみます。

「この商品であれば、たとえヒットしなくても、十分に利益が出るだけの販売は見込めるはずだ」

「これまで私は多くの実績を残してきている。一度の失敗だけで上司から強く叱られるとは思えない。社内の評価を下げることもないだろう」

「したがって、この会社で自分の居場所がなくなることもないだろう。次のチャンスを必ず与えてもらえるはずだ」

といった具合です。

「書き出す」ということには、「現状を客観的《きゃっかんてき》に理解する」効果があります。

人は「怖れ」という感情にとらわれているとき、客観的にものごとを考える能力が低下しています。

しかし、「書き出す」ことによって、客観的に考える能力がアップすれば、「それほど怖れることでもない」ことに気づけます。

今まで怖れていたことを笑って済ませるようになるのです。


**「書き出してみる」ことで、客観的な情勢が見えてくる。**

## 「私もそのうち場慣れする」と考え、気を楽にする

強いプレッシャーを和《やわ》らげる方法の一つに「場慣れする」ことが挙げられます。

たとえば、新入社員が、取引先との交渉《こうしょう》に初めて臨《のぞ》むときは、強いプレッシャーにさらされます。

「交渉に失敗したら、どうしよう。話がまとまらなかったら、どうしよう」

「交渉相手に対して失礼なまねをすることにならないか」

「相手から甘く見られ、無理難題を押しつけられるかもしれない」

そんなことにならないかと頭の中であれこれ考えて、プレッシャーに押し潰されそうになってしまいます。

しかし、ベテラン社員になると、新入社員が感じるような、そのようなプレッシャーは

あまりなくなります。

むしろ、プレッシャーを楽しめるようにもなります。

なぜなら、ベテラン社員は、これまでに交渉を何度も経験してきて、いわゆる場慣れをしているからです。

言い換えれば、プレッシャーを強く感じるのは「最初のうち」だけなのです。

新入社員も経験を重ね、場慣れしていけば、やがてプレッシャーを楽しめるようになっていくことができます。

今後、ずっとプレッシャーに苦しめられることはありません。

このように、「私も、そのうち場慣れする」と考えることは、気持ちを楽にするコツの一つです。

そして、今感じているプレッシャーを笑って済ませられるようになるのです。

**「プレッシャーを感じるのは、最初のうちだけ」と知っておく。**

# 「心の重荷」は、誰かと一緒に持ち上げるほうがいい

強いプレッシャーを感じているとき、身近に誰か、そんな自分を安心させてくれる人がいると気持ちが落ち着いてくるものです。

「感情的になることなく、冷静なアドバイスをしてくれる人」

「『こうすれば、いい結果が出る』ということを、筋道《すじみち》立てて説明してくれる人」

「励《はげ》ましの言葉で、自分に自信と勇気を与えてくれる人」

そのような人が側《そば》にいてくれれば、精神的に安心していられます。

緊張でガチガチになっている自分に軽い冗談でも言って、笑わせてくれる人であればなおさらよいでしょう。

楽天的な性格の持ち主で、なにごとも笑って済ませるような人であれば申し分ありませ

ん。

そのような人が身近にいれば、自分も「深刻《しんこく》に考えすぎることはない。笑って済ませよう」という気持ちになれます。

仕事のパートナーに、また友人に、あるいは家族に、そのように自分の心の支えになってくれる人が一人でもいれば、とても心強いのです。

たとえ、プレッシャーに押し潰されそうになるときがあっても、上手に気持ちを切り替えて、プレッシャーを楽しんでいけるようになります。

仕事の重圧《じゅうあつ》に、一人で耐《た》えていこうと思わないほうがいいのです。

重い荷物を持ち上げるとき、一人で持ち上げるよりも、二人で持つほうが軽くなるに決まっています。

「心の重荷」も同じです。

それを持ち上げるのを手伝ってくれる人がいれば、ずっと楽です。

**プレッシャーに、自分一人だけで耐えていこうと思わない。**

## 「楽しみ」を持ちながら、がんばっていく

「やり遂《と》げた後の楽しみ」を計画しておくことも、今現在感じているプレッシャーを軽くするための一つの方法になります。

「たいへんな仕事だけど、この仕事をやり遂げたら、旅行しよう。きっと楽しい旅行になる。旅行の準備も今から進めておこう」

「プレッシャーのかかる仕事だが、この仕事を終えれば一段落つくはずだ。思いっきり羽を伸ばして、のんびりしよう」

このように「やり遂げた後の楽しみ」を心に思い描くことで、精神的に楽になります。

今現在、プレッシャーのかかる仕事が進行中だとしても、そのプレッシャーが軽くなるはずです。

そして、楽しい、前向きな気持ちで仕事を進めていくことができます。

トラブルや難しい問題に直面したとしても、「心で笑って済ませる」気持ちを持って対処できます。

つまり必要以上に深刻に思い詰めたり、思い悩んだりせずに済むのです。

一日の生活の中でも、「今日一日の仕事をやり遂げた後の楽しみ」を作っておくのがいいでしょう。

「今日一日、できることを精一杯がんばった自分へのご褒美《ほうび》に、仕事が終わったら、映画を観て帰ろう」

このように、一日の生活の中にもなにか「楽しみ」を作ることで、気持ちが楽になれるのです。

人は「楽しみ」がなければ、ストレスが溜まってしまいます。


**自分なりの「がんばった自分へのご褒美」を考えてみる。**

# 第4章　マイナス思考を笑って変える習慣

# 考え方の「枠組み」を、作り替えてみる

心理学に「リフレーミング」という言葉があります。

「フレーミング」とは、「枠組み」を意味します。

「リ」は、「作り直す。組み替える」といった意味です。

つまり、「枠組みを作り直す」ということです。

人は、普段、自分ではあまり意識していませんが、ある枠組みの中にはまった考え方しかしていません。

たとえば、ある女性は、「私は太っているからモテない」と考えています。

しかし、それは、ある特定の枠にはまった考え方でしかないのです。

彼女自身が、その考え方の枠組みを取り外すことができなければ、彼女は今後ずっと自

分に自信を持つことはできず、恋愛に対しても積極的になることはできません。

そこで「私は太っているからモテない」を取り払い、「太っている女性に、愛嬌《あいきょう》があると好意を持ってくれる人も多い。そんな男性を探そう」と、また別の枠組みでものを考えるようになることができれば、彼女は自分に自信を持ち恋愛にも積極的になれます。

このように、これまでの考え方の枠組みを取り払って、別の枠組みに作り替えることで、今まで気づかなかった幸福の意味を発見できます。

それが心理学でいう「リフレーミング」です。

さらにいえば、「心の中で笑って済ませる」という意識を持つことが、この「リフレーミング」を効果的に促《うなが》します。

体重がちょっと増えていても、心で笑って済ませます。ちょっと食べすぎても、心で笑って済ませます。そういう意識を持つことが、自分を肯定的に見ることにつながります。


**考え方の枠組みを作り替えれば、気づかなかった幸福の意味が見えてくる。**

## マイナス要因があるから成功できない、とは限らない

人は、往々にして、マイナス要因があると、そんな自分の人生を否定的に考えてしまいがちです。

たとえば、就職した会社で、その会社でもっとも多くの利益を上げている花形部署から外されてしまったとします。

自分は、その会社では、あまり重要視されていない部署に配属されてしまったと悩みます。

そこで、「こんな目立たない部署では、いくらがんばっても評価されない。私のサラリーマン人生には、成功の見込みはない」と落ち込んでしまいます。

しかし、その「がんばっても評価されない」「成功の見込みはない」というのは、ある

特定の枠にはまった考え方でしかありません。

「目立たない部署だから、この部署に集まった人たちはみなやる気を失っている。そこで自分一人が張り切ってがんばれば、大いに注目されるだろう。

花形部署では、みんなやる気満々だから、私ががんばってもそれほど目立った存在にはなれないかもしれない。そういう意味では、いい場所に配属され私は有利な立場に立てた。成功の見込みが出てきた」

そのように考え方の枠組みを変える、つまり「リフレーミング」することも可能なのです。

また、このように考え方を変えれば、断然《だんぜん》やる気も出てきます。

そんな「リフレーミング」を効果的に促すためには、重要視されていない部署に配属されても、それを苦に思わないことが大切なのです。

「心の中で笑って済ませる」くらいの気持ちでいることが大切になります。

**重要視されていない部署だから、がんばれば目立つ。**

# 「あと～しかない」から「まだ～もある」に、考え方を変える

ある仕事の締め切りまで、残り三日になったとします。

そこで、「あと三日しかない。どうしよう」と、慌《あわ》てる人がいます。

慌てれば慌てるほど、気持ちだけが空回りしていって、かえって仕事の効率がダウンします。

こういう切羽詰《せっぱつ》まった状況でも、「リフレーミング」を試みてみるのが有効な手段となるでしょう。

まずは、「あと三日しかない」という考えが、ネガティブな枠組みにはまった考え方だと気づくことが大事です。

この考え方の枠組みを取り外せば、「まだ三日もある」と考えることができます。

「あと～しかない」から「まだ～もある」という考え方にリフレーミングするのです。

そうすると、気持ちの余裕が生まれます。

気持ちに余裕があると、強い集中力が発揮《はっき》できます。

仕事も効率的に進み、締め切りまでに仕事を終えられる可能性が高まるのです。

上手にリフレーミングするために大切なことは、たとえ切羽詰まった状況であっても、それを深刻《しんこく》に考えすぎない、ということです。

どんな場合も絶望的な気持ちにならない、ということが大事なのです。

「まあ、なんとかなるだろう」と、楽天的に「心で笑って済ませる」くらいの気持ちでいることが大切です。

そうすることで、心が広がって柔軟になり、リフレーミングがスムーズになされるのです。

**切羽詰まった状況に立たされても「心の中で笑って済ませる」気持ちを持つ。**

## 欠点は「自分の強み」に、作り替えることができる

他人から欠点を指摘《してき》されて落ち込んだことがある……という経験を持つ人もいるでしょう。

たとえば、誰かに、「君は、小心者なのでリーダーにはなれないね」と言われたとします。

もちろん、ほめ言葉ではありません。

そう指摘された本人は、気に病《や》んで、「私は小心者だからリーダーシップを発揮できない。みんなから低く評価される。成功もできない」と落ち込むでしょう。

しかし、このような「小心者だから、私はダメだ」というのも、ある一つの枠組みにはまった考え方にすぎないのです。

「小心者」とは、視点を変えれば、「よく検討して慎重に物事を判断する、手堅《てがた》い性格」だともいえます。

したがって、「小心者だからこそ、私は、大きな失敗をすることなく、着実に成功への階段を上っていける。手堅い仕事をしていくから、まわりの人たちからも信頼されるだろう」と考えることができます。

そのように考え方を「リフレーミング」することができれば、自分に肯定的になれ、積極的に仕事に取り組んでいけるようになるでしょう。

大切なことは、他人から欠点を指摘されたり、悪口を言われるようなことがあっても、気にしない、ということです。

他人になにを言われようが「心の中で笑って済ませる」といったぐらいの気持ちでいるのがよいのです。

そうすれば、自分への自信を失うことはありません。

## 他人に欠点を指摘されても、心の中で笑って軽く受け流す。

# 一度疑って、考え方の枠組みを変えてみる

仏教に、「信疑《しんぎ》一如《いちにょ》」という言葉があります。

「信」とは「信じる」こと、「疑」とは「疑う」という意味です。

「一如」は、「同じこと。一緒のこと」という意味です。

つまり、「『信じる』ことと、『疑う』ことは、同じこと」という意味になります。

これだけではこの仏教語の意味はわからないと思いますが、わかりやすくいうと、「今信じていることを、疑ってみることが大切だ」ということです。

たとえば、世間では一般的に、「お金があればあるほど幸せになれる」と信じられています。

しかし、そこで、「本当に、お金はあればあるほど幸せになれるのか？　むしろ、お金

持ちであることで苦労することになるのではないか？　もしそうなら金の亡者《もうじゃ》になるのではなく、ほどほどのお金で満足していく気持ちを持つほうが幸せではないのか？」と疑う気持ちを持つことによって、自分自身の本当の意味での幸せの意味がわかってきます。

そのように「信じていることを疑う」気持ちを持つことが大切だ、と仏教は考えるのです。

そういう意味では「信疑一如」も、心理学でいう「リフレーミング」と通じるところがあります。

「優柔不断な性格だから成功できない」と信じている考えを、疑ってみるのです。だからこそ、「優柔不断な性格が、むしろ私の成功の武器になる」と気づけます。

そのようにして、人から悪口を言われても、笑って済ませることができるようになります。

## 優柔不断な性格が、成功への自分ならではの武器になる。

# 疑ってみることから、リフレーミングが始まる

よく使われる格言に、「失敗は成功のもと」というものがあります。

これは「失敗が成功につながる」という意味です。

これも、ある意味、心理学でいう「リフレーミング」と同じです。

一般的には、「失敗はダメなこと。失敗は無意味なこと」と信じられています。

ですから、失敗した人は落ち込みますし、自己嫌悪《じこけんお》の感情にもとらわれます。

しかし、「失敗を経験したことで、たくさんのことを学べる。失敗から学んだことを、次のチャンスに活かせる。そういう意味では、私は、この失敗によって一歩成功に近づけた」と考えることができます。

「失敗する」ことに対する従来の考え方の枠組みを取り払って、「失敗する」ことにはも

っと前向きな貴重な価値があると、新しい考え方の枠組みでとらえ直すことによって、失敗しても落ち込むことなく積極的に前進していけるのです。

つまり、失敗を「心で笑って済ませる」こともできるのです。

ここで大切になってくるのも、「疑う」という意識を持つことなのです。

「失敗することとは、本当にダメなことなのか？」

「失敗は無意味なことなのか？　なにか価値があるのではないか？」

そのような疑問を持つことから、リフレーミングの作業が始まります。

「失敗はダメなこと。失敗は、してはいけないこと」という従来の考え方を、そのまま鵜《う》呑《の》みにして信じ込んでいるのでは、リフレーミングの作業へは進んでいけません。

従来の考え方や常識といったものには、たえず「疑う気持ち」を持っておくことが大切です。つまり仏教でいう「信疑一如」が大切なのです。

**従来の考え方や常識に、疑いの気持ちを持ってみる。**

# 大切なものを、「すでに自分は持っている」と気づく

禅の言葉に、「宝珠《ほうじゅ》、掌《たなごころ》にあり」というものがあります。

「宝珠」とは、「大切なもの」という意味です。「掌」とは、「手のひら」のことです。つまり、「人生において大切なものは、すでに自分の手のひらの中にある」という意味になります。

しかし、そのことに気づかない人もいます。そして、「今の仕事には不満がある。もっとやりがいがある仕事に就きたい」と訴えます。

また、ある人は、「今の収入では幸せになれない。もっとお金がなければ幸せになれない」と言います。

このように言う人は、きっと「人生において大切なものは、すでに自分の手のひらの中

にある」ということに気づいていないと思います。

こういう人たちも、心理学でいう「リフレーミング」をおこなう必要があります。

そうしなければ、いつまでも「すでに自分が持っている大切なもの」に気づくことができないでしょう。

これらの人は、「今の仕事には、やりがいがない」「今の収入では幸せになれない」という考え方の枠組みにとらわれているのです。

その考え方の枠組みを取り外して、「今の仕事でも、自分なりに面白みを見つけることができる」「今の収入でも十分に楽しい生活を実現できる」ことに気づくことが大切です。正に「宝珠、掌にあり」に気づくのです。

それに気づき、考え方の枠組みを変えることで、今の生活に満足でき、もっと前向きに生きていけるようになります。自分の現状《げんじょう》を「心で笑って済ませる」意識を持って、肯定的にとらえられるようになると思います。

## 自分が「今持っていないもの」ばかりを求めない。

## 考えの枠組みを変えると、人づき合いが楽になる

心理学でいう「リフレーミング」という手法は、人と穏《おだ》やかな気持ちでつき合っていくことにも役立ちます。

たとえば、「私の上司は、細《こま》かいことにうるさい。ああいう上司は嫌いだ」と言う人がいます。

そういうことを言う人は、「細かいことにうるさい=嫌な上司=自分のやる気を削《そ》ぐ上司」という考え方の枠組みにはまっているのです。

人が「私の上司は、細かいことにうるさくて～」と言うとき、その言葉はたいていグチや悪口です。

「細かいことにうるさい上司=つき合いづらい上司=みんなから嫌われている上司」とい

うのが、一般的な考えからの枠組みとなっているのです。

しかし、その考え方の枠組みにとらわれている限り、その上司とのつき合いが苦痛に思えてならないでしょう。仕事へのやる気も出てこないと思います。

それはその人自身にとって不幸なことです。

そこでリフレーミングをおこなってみます。

「細かいことにうるさい上司は、本当に嫌な上司なのだろうか？」と疑ってみます。

すると、「あの上司が細かい点を指摘してくれるから、私は大きな失敗をしなくて済んでいる。その意味では、あの上司に、私は大いに助けられている」と考えることもできるのです。

そのようにリフレーミングして、考え方の枠組みを変えていくと、その上司から細かい点をうるさく言われることを、「ありがたい」と思えるようになります。

つまり、「心で笑って済ませる」ことができるようになるのです。

**上司がうるさく言ってくれるおかげで、大きな失敗をしないで済む。**

# 一方的に決めつけているから、相手にイライラさせられる

自分をひいき目に見てしまう人がいます。単純に「自分のほうが優れていて、他人のほうが劣っている」と考えてしまいがちなのです。

たとえば、身近に「のんびりした性格の人」がいたとします。

自分自身はテキパキした性格で、その人の、のんびりとした性格にいつもイライラさせられているのです。

なぜ、イライラさせられるのかといえば、一方的に相手のことを、「のんびりした性格の人＝仕事が遅い人。仕事ができない人」と決めつけているからなのです。

それに比べて、自分自身については、「テキパキした性格の人＝仕事が速い人。仕事ができる人」と考えています。

このような「テキパキした性格の私は優秀であり、のんびりした性格のあの人は劣っている」という考え方の枠組みにはまっているから、相手のことが悪く思えてきて、イライラさせられてしまうのです。

そこで、「リフレーミング」をおこなってみます。

「本当に私は優秀な人間で、相手は劣っているのだろうか？」と疑ってみます。

すると、「私はテキパキした性格だけど、そそっかしいミスも多い」ということに気づきます。また、「あの人は、のんびりした性格だが、その分慎重だから仕事が正確だ」ということにも気づきます。

そのようにリフレーミングしてみると、「私はもう少し、あの人の性格を見習うほうがいいかもしれない」と思えてきます。

そうなれば、その相手の、のんびりした性格を見せつけられてもイライラすることなく、むしろ「心で笑って済ませる」ことができるようになります。

**単純に「自分は優秀で、相手は劣っている」と決めつけない。**

## 自分が変われば、人とのつき合い方が楽になる

「あの人が、ああいう性格だから、私はいつもイライラさせられる。あの性格を変えてほしい」と言う人がいます。

しかし、そのように訴えても、相手はそう簡単に性格を変えてはくれないでしょう。

そもそも人が持って生まれた性格は、たやすく変えられるものではないのです。

つまり、相手に性格を変えることを願っている限り、その人はいつまでもその相手にイライラさせられることになるのです。

心理学でいう「リフレーミング」とは、相手に性格を変えることを迫るものではありません。

自分のほうから相手への認識の仕方を変え、相手とのつき合い方を変えていくのです。

「相手が変わる」ことを期待しているよりも、「自分が変わる」ことを優先するほうが、人間関係のストレスを取り払うのが早いのです。

どんな人にも、欠点があります。

つき合っていくうえで、嫌に感じる部分を持っています。

しかし、そういうマイナス面ばかりに意識を奪われるのではなく、相手のプラス面に目を向けていく意識を持つことが大切です。

というのも、どのような人にも必ずよい面があるからです。

そのようなプラス面を意識すれば、その人に対するイメージが変わります。

その人への接し方も自然に変わってくるのです。

つき合いづらい人だと思えていた相手とも、もっと気軽に、楽しく笑いながらつき合っていけるようになります。

**相手に変わることを求めるのではなく、自分からつき合い方を変える。**

## ライバルを敵と見なすか、よき友と思うか

仕事のライバルを必要以上に「敵視《てきし》」する人がいます。

そのために、

「私の仕事が思うようにいかないのは、きっとあの人に私の仕事のジャマをされたからに違いない。だから、私も、あの人の仕事のジャマをしてやる」

「どうせあの人は、どこかで私の陰口《かげぐち》を言いふらしているに違いない。仕返しに、私もあの人の悪口を広めてやる」

といったことばかり考えています。

しかし、そのライバルが、本当に、その人の仕事のジャマをしたり、陰口を言っている証拠《しょうこ》などないのです。

それにもかかわらず、本人がそう思い込んでいる場合が多いのです。

なぜ、そのような「思い込み」が生じてしまうのかといえば、その人が「ライバルは敵だ」という、一つの考え方の枠組みにはまり込んでしまっているからです。

しかし、その考え方の枠組みから抜け出せない限り、人を疑ってはみずからストレスを抱え込むという愚《おろ》かな行為を繰り返すことになります。

こういうケースでは、「ライバルとは、お互いによい意味で刺激《しげき》し合い、切磋《せっさ》琢磨《たくま》していける間柄《あいだがら》だ。ライバルがいてこそ、私も成長できる」と、考え方を「リフレーミング」することが大切です。

そうすれば、ライバルとの関係をもっと生産的なものにすることができます。

ライバルとの関係を「心の中で笑って済ませる」ようになるでしょう。

その結果、もっと楽な気持ちでライバルとつき合っていけるようになります。

それは、自分自身にとっても、とてもよいことです。


**ライバルとよい意味で刺激し合い、切磋琢磨していく。**

# 第5章

# 自己嫌悪《じこけんお》を笑って癒《い》やす習慣

# 自分を責めるから、落ち込みを引きずる

ものごとがうまくいかないとき、痛い失敗をしてしまったとき、人は誰でも落ち込みます。

ただし、そこで大切になるのは、その「落ち込み」を引きずらないことです。気持ちを切り替えて、めげることなく前進していく、ということです。

そのために大切なのが、「自分を責《せ》めない」ことです。

「私はなにをやってもダメな人間だ」

「私は、いつも失敗ばかりしている」

そのような言葉で自分を責めないことです。

自分を責めるから、落ち込んだ気持ちから抜け出せないのです。

その結果、いつまでも落ち込みを引きずっていくことになります。

自分を責めて、自分をダメだと思い込む心理を、心理学では「自罰傾向《じばつけいこう》」と呼びます。

そして、きまじめな性格を持つ人ほど、この「自罰傾向」が強いといわれています。

「きまじめな性格の人」とは、言い換えれば、落ち込むと「心で笑って済ませることができない人」ともいえるでしょう。

まじめすぎる性格のため、「なぜうまくいかないのか」ということを真剣に悩みます。

そして、その原因を「自分がダメだから」「自分に能力がないから」といったように、自分に結びつけてしまうのです。もちろんまじめに生きることは、とても大切です。

しかし、一方で、うまくいかないことがあっても、自分を責めて思い悩みすぎることなく、「しょうがない」と開き直って、笑って済ませるくらいの「心のゆとり」を持っておくことが大切だと思います。

## うまくいかないことがあっても、自分を責めない。

## 自分を責めても、自分の利益になるものはない

「相対性理論」でノーベル物理学賞を受賞したアルベルト・アインシュタイン（19～20世紀　アメリカ）は、

「どうして自分を責めるのか？　他人がちゃんと責めてくれるんだから、自分は自分を責めなくてもいい」と述べました。

仕事でミスをしたり、思うような実績《じっせき》を挙げられなければ、上司から叱られます。取引先からも文句を言われるかもしれません。

そのようにして、自分の至《いた》らなさを、「他人がちゃんと責めてくれるんだから、それ以上、私はとんでもないことをしてしまった。私はどうしようもない人間だなどと自分を責める必要はない」とアインシュタインは言っているのです。

アインシュタインも、この言葉で、「自分を責める」ことは、落ち込んだ気持ちをいつまでも引きずるばかりでなんの意味もない、と言いたいのでしょう。

他人からも責められ、そして自分でも責めるのでは、ますます自分がダメな人間に思えてくるばかりです。

ですから、せめて自分だけは、自分を必要以上に責めないほうがいいのです。

確かに、失敗を反省したり、失敗から教訓《きょうくん》を学ぶのは大切です。

しかし、それは「自分を責める」こととはまた違った意味を持っています。

反省して教訓を得られれば、それは自分のためになります。

しかし、いくら自分を責めても、それは自分のためにはなりません。

ですから、教訓を得たあとは、もうあれこれ思い悩まずに「心で笑って済ませる」のが賢明《けんめい》です。

笑って済ませば心に元気が生まれて、前向きに乗り越えていけます。


**反省は自分のためになるが、自分を責めてもなんの利益もない。**

# 落ち込めば自己評価が下がり、笑うと自己評価が上がる

心理学に「自己評価」という言葉があります。文字通り、「自分で自分の能力の実績を評価すること」を意味します。

この自己評価は、そのときの気持ちの持ち方で変わります。

たとえば、落ち込んでいると、自己評価が低くなります。

一方で、前向きな気持ちでいると、この自己評価が高まります。

誰かから怒られたり、文句を言われるような経験をすれば、気持ちが凹みます。

落ち込んだり、悩んだりします。

しかし、そんなネガティブな気持ちでいると、自己評価が低くなります。

自分がなにをやってもダメな人間に思えてきます。

自分がまわりの人たちよりも劣《おと》った人間に感じられてきます。

いくらがんばっても、自分には成果を挙げられないように思えてきます。

だからこそ、人から怒られたり文句を言われたときに大切になってくるのは「心で笑って済ませる」ことなのです。

もちろん落ち込むこともあるでしょうが、上手に気持ちを切り替えて、明るい方向へ向けていく、ということです。

そのひとつの方法が信頼できる友人に会って、「こんなことで、怒られちゃった」と、自分がした経験を笑い話にして打ち明けることです。

笑っているうちに、気持ちが明るくなってきます。

そして「私は、こんなことで負けるような人間ではない。私はもっと逞《たくま》しい人間だ」という思いがしてきます。

つまり、自己評価が高まってくるのです。


**笑うと、「自分は逞しい人間だ」と思えてくる。**

## 失敗を「笑いのネタ」に、変えてみる

人は、ドジな失敗をすることがあります。

その失敗を苦に思って、ずっと思い悩み続ける人もいます。

すると、自己嫌悪の感情に苦しむことになるのです。

しかし、そのままでは、自分自身がますます不幸になっていくばかりです。

人にとって大切なのは、失敗することがあっても、その失敗を「心で笑って済ませる」精神を持つことです。

「昭和の爆笑王」と呼ばれた落語家の林家三平《はやしやさんぺい》（20世紀）は、芸能界で活躍していたころ、ある日、足を踏み外して高座から客席へ落ちてしまう失敗をしました。

三平自身、恥ずかしい思いで一杯だったと思います。

しかし、再び高座へ上がってきた三平は、観客へ向かって「落伍者《らくごしゃ》の三平です」と言いました。

これは、「落語家」としての自分に、「落伍者」、つまり高座から落ちた自分を引っかけたシャレでした。

三平は、自分の失敗を「笑いのネタ」に変えてしまったのです。

これに観客は大笑いしました。そして、「三平は、やっぱり面白い」とますます彼の評判は上がることになりました。

何か失敗をしても、それを苦に思うことはありません。

失敗を、三平のように、「笑いのネタ」にすることもできます。

そして、三平のように、失敗を「笑って済ませる」ことができれば、自分自身の評判を上げられます。そして、自分自身の心が楽になります。

**失敗したからといって自己嫌悪にならない。逆に笑いのネタにする。**

# 自分に厳しくすることも大事、心にゆとりを持つことも大事

自分に厳しすぎる人がいます。

このタイプの人は、ともすると、自己嫌悪の感情におちいりがちです。

自分に厳しい人ほど、自分が持つ小さな欠点を見つけ、それを大げさに考えすぎて、落ち込んでしまいやすいのです。

もちろん「自分に厳しくする」ことは大切だと思います。

この世で大きなことを成し遂げた偉人たちは、共通して、自分に厳しい人だったと思います。

自分に厳しく生きてきたからこそ、困難を乗り越えて、また怠《なま》けることなく、努力を続けていけたのです。

しかし、決して自己嫌悪におちいっていたわけではありません。自分に厳しすぎて自己嫌悪におちいると、精神的に色々と問題が生じてきます。

ちょっと気持ちがくじけそうになっただけで、「私は弱い人間だ」と大げさな考え方にとらわれ、自己嫌悪にはまって生きる意欲をなくしていくことになりやすいのです。

したがって、心の内の80パーセントくらいを、自分に厳しくする意識を持ち、残りの20パーセントは、自分に至らない点が見つかったとしても、それを「心で笑って済ませる」ことができるくらいの心のゆとりを持つほうがよいと思います。

そうすることで、ちょうどいい心のバランスが取れていけます。

自分に厳しくしながら自己嫌悪の感情におちいることなく、強い意志を持ちながらも明るい気持ちで軽やかに生きていくとよいと思います。

そうすれば、精神的な健康を保《たも》っていけるのです。

**80パーセントくらいは自分に厳しく、20パーセントは心にゆとりを持つ。**

# 人の幸福を願うと、自分の心が幸せに満たされる

「私は幸せだ」という実感が持てない人は、ともすると、「他人の不幸を願う」という心理傾向があるようです。

そういう人は、幸福そうにしている人を見ていると、強い嫉妬心《しっとしん》を感じます。「私だけ、どうして幸せになれないのか」と、悔《くや》しい思いがしてくるのです。

そこで、

「あの人なんて、恋人にフラれてしまえばいいのに」

「あんなヤツ、仕事で失敗してしまえばいいんだ」

と、他人の不幸を願ってしまいます。

今自分が味わっている辛《つら》さや悲しみといったマイナス感情を、幸せそうにしている人に

も味わわせてやりたい、という気持ちにかられてしまうのです。

しかし、そんなふうに他人の不幸を願っていると、自分がますます惨《みじ》めに思えてきます。

結局は、「人の不幸を願うだなんて、私はこんな愚かしいことしか考えられない、ダメな人間だ」と、ますます自己嫌悪の感情におちいっていくことになるのです。

「私は幸せだ」という実感が持てない人ほど、大切なのは、「人の幸福を願う」ことです。

幸福そうにしている人がいたら、明るく笑いながらその人を祝福し、楽しく笑いながらその人と一緒になって喜んであげることです。そうやって人の幸福を願っていると、自分の心にプラスのエネルギーが満ちてきます。

「私は幸福ではないという思いに苦しんでいたが、一緒に笑い合える友人や仕事仲間がいて、実は私も幸福だったんだ」ということに気づくのです。

## 人の不幸を願う人は自己嫌悪に、人の幸福を願う人は幸福になる。

# 人からよいところを学んで、自分はハッピーになる

無闇《むやみ》に、自分と他人とを見比べないことが大切です。

他人のよいところばかりが気になって、それに比べて自分のダメなところばかりが意識されて、自分に自信を失っていくことになりがちだからです。

「あの人は仕事ができる。上司からの評価も高い。それに比べて、私はなにをやってもダメな社員だ」

「あの人は明るい性格で、みんなから好かれている。それに比べて、私は暗いから、みんなから敬遠《けいえん》されている」

といった具合に、自分自身のことがますます嫌に思えてきます。

こういうタイプの人は、「自分と他人とを見比べる」のではなく、「人からよいところを

学ぶ」という意識を持つことが大切です。

まずは、自分のことを横に置いておいて、

「あの人は、なぜ仕事ができるのだろう？」

「あの人は、どうしていつも明るくしていられるんだろう？」と考えます。

そうすれば、なにか有益《ゆうえき》になるヒントが見つかります。

そんなよいヒントが見つかれば、もう、自己嫌悪の感情にとらわれることもなくなります。

「あの人が持っている仕事のコツを学んで、それを自分のものとすれば、私もあの人のように活躍できるだろう」

「あの人が心がけていることを自分に取り入れれば、私もあの人のような明るい性格になれるかもしれない」という、うれしい思いがこみ上げてきます。

そうすれば、自分の表情が自然に笑顔に変わっていくのに気づくでしょう。

**他人と自分を見比べるのではなく、人からよいところを学ぶ。**

## 人は「自分のダメなところを隠したい」から、自慢話をする

自慢話をして、人を見下すような態度を取る人がいます。

「私はこんなにすごい人間なんだ」と大威張《おおいば》りをして、「それに比べて、あなたはダメな人だなあ」といった言い方をする人がいます。

しかし、そういうタイプの人が、本当に自分に自信を持っているのかといえば、実際には、そうではない場合が多いようです。

実は、そういうタイプの人は、自分に自信がありません。

正直にいえば、劣等感《れっとうかん》の塊《かたまり》のような人なのです。

しかし、そんな「弱い自分」「ダメな自分」をまわりの人たちに知られたくないので、人の前では虚勢《きょせい》を張ってしまうのです。

強がったところを見せてしまうのです。

しかし、このようなタイプの人は、自慢話をしたあと、一人になったときは強い自己嫌悪の感情にとらわれます。

無理をして強がったことを言った心理的反動で、一人になると、自分の弱さやダメさ加減がいっそう身に沁《し》みて辛く思われてくるのです。

ですから、このタイプの人は、強がったことを言っては落ち込み、自慢話をしては自己嫌悪になる、ということを繰り返しています。

そういうことを繰り返していたら、いつか心がクタクタに疲れきってしまうでしょう。

自分の弱いところ、ダメなところを無理に隠そうとせず、ありのままの姿で自然に生きていくほうがよいのです。

そうすれば、もっと楽な気持ちで、まわりの人たちとも笑ってつき合っていけます。

## ダメなところを隠そうとせず、ありのままの姿で生きる。

# 逞しい人は、嫌みなことを言われても心で笑って済ます

心理学に「自尊感情《じそんかんじょう》」という言葉があります。

「ありのままの自分を尊重する気持ち」のことを指します。

もう少しわかりやすくいえば、「ありのままの自分を好きでいられる感情」ともいえます。

この自尊感情が強い人は、なにごとにも積極的に取り組むことができ、またまわりの人とも円満《えんまん》な関係を築いていくことができます。

自分に自信があり、また自分の人生に満足しています。

人が幸福に生きていくためには、この自尊感情を強めていくことが非常に大切になります。

ここで大事なことは、自尊感情が強い人というのは、自分のよいところばかりではなく、悪いところも含めて、「ありのままの自分が好きだ」という点にあります。

ですから、誰かから、たとえば、「君は、そそっかしいところがあるね」と言われても、そのことで怒ったりはしません。

たとえ嫌みなことを言われても軽く受け流して、心で笑って済ませることができます。

「確かに、私にはそそっかしい面があるけれど、それは言い換えれば、即断即決《そくだんそっけつ》で行動が速いという意味でもある。行動力があるという意味からいえば、そそっかしいというのは、むしろ私へのほめ言葉でもある」と、肯定的にものごとを理解することもできます。

ですから大らかな気持ちで受け止めて、心で笑って済ませることができるのです。

人から言われる悪口や嫌みな言葉にめげることなく、逞しく生きていけます。

そのような強い自尊感情を身につけることが大切です。

## 他人の嫌みな言葉を肯定的に理解すれば苦にならない。

## 「口の悪い人」のことなんて、気にしない

他人から嫌みを言われることがあります。

面と向かって悪口を言われることもあります。

こちらの欠点をズバズバと指摘してくる人もいます。

この世の中には、そんな「口の悪い人」がたくさんいます。

ですから、嫌みなことや悪口を言われて、いちいち気に病んでいては、人生を逞しく生き抜いていくことはできません。

なにを言われようが「心で笑って済ませる」くらいの、よい意味での大らかさを持つことが大切になります。

そのためには「ありのままの自分を好きになる気持ち」、心理学でいう「自尊感情」を

強めていくことが大切です。

自尊感情が強い人は、嫌みや悪口を言われても、「確かに私には欠点もあるが、それはそれで、私は、自分ならではの夢を持ち、自分なりに充実《じゅうじつ》した人生も送っている。だから欠点があっても気にすることはない」と、いい意味で開き直ることができます。

いい意味で開き直ることができるようになるのも、自尊感情を強めるためには大切です。

自尊感情が弱い人には、このように、いい意味で開き直ることができません。

したがってこのようなタイプは人から言われた嫌みや悪口にいつまでもこだわり、ずっと腹を立てたり落ち込んだりすることになりがちです。

いわば「心で笑って済ませる」ことができないのです。

人から言われたことよりも、「自分ならではの夢」「自分なりの充実した人生」を優先して考えることです。そうすれば人から言われた嫌みや悪口など忘れられます。

## 他人から言われた悪口を忘れ、「自分の夢」について考える。

# 第6章　怒りを笑って済ます習慣

## 「理不尽な経験」を、前向きにとらえていく

会社のような組織で働いていると、時と場合によって、理不尽としか思えないような経験をしなければならなくなることがあります。

「理不尽」とは、「道理が通らない。矛盾《むじゅん》している」といった意味です。

たとえば、今担当している仕事にやりがいを持ち実績も挙げているというのに、上からの命令で意に沿《そ》わない部署へ人事異動になることがあります。

現場で働く社員たちのことなどまったく考えていないような、上層部《じょうそうぶ》の突然の方針転換《ほうしんてんかん》に戸《と》惑《まど》わされる場合もあります。

会社では、日常的に、このような「理不尽なこと」がちょくちょく起こるものです。

そのたびに、会社の都合で振り回される人たちとしては、「いったい上層部の人たちは

なにを考えているんだ」と腹立たしい気持ちを抑えられなくなることでしょう。

しかし、いちいち腹を立てたり、イライラしたり、投げやりな気持ちになっていたのでは、サラリーマンとしての人生をタフに生き抜いていけないのも事実だと思います。

そこで大切になってくるのは、たとえ理不尽な経験をしたとしても「心の中で笑って済ませる」ということなのです。気にせず、怒らず、前向きに考えるのです。

「理不尽な経験をする」というのは、楽天的な考え方をすれば、「色々な経験ができる」ということでもあります。

「予想もしていなかった未知の体験を積める」ということです。

そして、その「理不尽な経験」から思いがけない幸運が生まれる、ということも実際にあります。

それを信じて、人生を前向きに考えていくことが大切です。


**理不尽な経験をすることは、未知の体験を積めるということだ。**

# 「理不尽な経験」を活かして、新たな幸運をつかむ

次のような話があります。

ある男性は、大手のＩＴ企業に勤めていました。

しかし、あるとき、彼が働いていた部署が、上層部の方針によって閉鎖《へいさ》されることになりました。

彼は、そこでの仕事にやりがいを感じてがんばっていただけに、「なぜなんだ」という理不尽な思いで一杯でした。

つい先日まで、彼は会社の上層部の人たちから、「この部署は、これからこの会社の屋《や》台骨《たいぼね》になるだろう。そう思って努力してくれ」とハッパをかけられていたのです。

それが突然、彼の働く部署を閉鎖するという方針転換がなされたのです。

彼とすれば上層部の人たちに腹も立ちましたが、気持ちを切り替えました。

彼には、それまで自分で起業しようという考えはありませんでしたが、それをきっかけに会社を退職し、自分の会社を創業《そうぎょう》することにしたのです。

彼が創設した会社はまだ小さいのに、今、業界の注目を集める存在になっています。

そして、業績は順調に伸び、彼はサラリーマン時代にも増してイキイキと働いています。

恐らく、サラリーマンだったころ、上層部の理不尽な方針転換に単に腹を立てていただけならば、今の彼の充実した人生はなかったでしょう。

ある意味、「心で笑って済ませる」くらいの楽天的な気持ちで、「これをきっかけに起業しよう」と発想の転換ができたからこそ、彼にとっての第二の人生が開けたのだと思います。

「理不尽な経験」から、新しい、思いがけない人生の幸運が開けることもあります。

**怒っているだけでは、人生の次のステップへは進めない。**

# 「朝令暮改な上司」の方針転換を笑って済ませる

「朝令暮改《ちょうれいぼかい》」という言葉があります。

「朝出された命令や方針が、夕方には別のものに変わってしまう」という意味です。

つまり、「命令や方針が、その時々の都合によってコロコロ変わる」ということです。

たとえば、「朝令暮改的な上司」といった言い方があります。

命令や方針がコロコロ変わってしまう上司のことです。

朝一番で、上司から、「この仕事を今日中に大至急《だいしきゅう》やっておいてくれ。今、もっとも優先順位が高い仕事は、これなんだ」と命令されます。

上司から命令された通り、今日中に仕上げられるように一生懸命になってがんばっていたのですが、夕方になってその上司が突然、「そんな仕事、どうでもいいんだ。そんなことより、こちらの仕事を優先してくれ。残業してでも今日中に終わらせてくれ」と言い出します。

そんな朝令暮改的な上司に振り回されて、苦労している部下も多いのではないでしょうか。実際に、どのような会社であれ、このように命令や方針をコロコロ変えてしまう、理不尽な上司がいるものです。

ところで、そんな上司に対して、「なんなんだ」と怒る人もいます。

一方で、「なんなんだ」と言いながら、「心で笑って済ませる」ことができる人もいます。上司の性格をよく理解している人です。

自分自身が被《こうむ》る、そのあとの精神的なストレスを考えれば、このようなケースでは、「心で笑って済ませる」ほうがずっと大切です。

もし「心の中で笑って済ませる」ということができれば、ストレスはそれほど大きくなく、上司の方針転換があっても、それを理解し、たんたんと仕事を進めていけます。

**「笑って済ませる」ことができれば、心は軽い。**

# 同じ努力をしている人が、自分よりも先に成功したとき

同じ苦労をしているにもかかわらず、成功を手にできる人もいれば、思うような成果を出せずに埋《うず》もれたままでいる人もいます。

埋もれたままの人にとっては、「あの人は、自分と同じ苦労をしていない。努力の面で、私はあの人に劣ってはいない。なのに、あの人だけが出世して、私が出世できないでいるのは、なぜなんだ」と、怒りの感情がわいてくると思います。

出世した相手への嫉妬《しっと》や妬《ねた》みの思いも生じてくるでしょう。

人生では、このような理不尽なこと、道理が通らない矛盾したことがしばしば起こるものです。

人生は、とかく、公式通りにはいかないのです。

そんな理不尽な経験をしたとしても、なおも前向きな気持ちを失わず、元気一杯で生きていくために大切なのが、「心で笑って済ませる」意識を持つことなのです。

同じ努力をして成功している相手に、怒り、嫉妬、妬みという感情を抱き続けたとしても、自分がその相手を追い抜いて、もっと大きな成功を手にすることはできません。

むしろ、自分という人間がミジメに思えてきて、がんばっていく意欲をなくし、ますます悲惨《ひさん》な状況へ落ちていくだけでしょう。

もしそうならば、軽い気持ちで、「心の中で笑って済ませる」ほうがよいと思います。

「笑って済ませる」という意識を持つことで、柔軟な考え方ができます。

相手の「うまくいった理由」を探し、それを自分の人生に活かせます。

「笑って済ませる」気持ちを持つことで、心が元気になります。

**「笑って済ませる」意識を持って、心を柔軟にする。**

# 人に尽くしても、まったく感謝してもらえないとき

人間関係にも「理不尽なこと」がたくさんあります。

たとえば、夫や上司、または友人のために、一生懸命になって尽《つ》くしたとします。

相手のために役立ちたいと思って、自分のことなどさておいて、その人のためになることをしてあげます。しかし、その相手は、まったく感謝してくれません。

それどころか、こちらの至らない点を取り上げて文句を言ってきたりもします。

自分としては、悔《くや》しい思いがしてきてしょうがありません。

場合によっては、恩《おん》を恩とも思わずに、自分に意地悪なことさえ言うのです。

職場の上司との関係で、家庭での夫の関係で、あるいは友人との関係で、このような理不尽な思いをしている人もいるのではないでしょうか。

恵まれない人たちのために慈善活動《じぜんかつどう》をおこない、ノーベル平和賞を受賞したマザー・テレサ（20世紀　インド）は、「助けた相手から恩知らずの仕打ちを受けることもある。しかし、気にすることなく助け続けることが大切だ」と述べました。マザー・テレサも、その人の幸福を願って援助の手を差し伸べた相手から、なんの感謝もされず、それどころか恩知らずの仕打ちを受けることも数多くあったのです。そのような経験をしたときは、もちろん彼女も、理不尽な思いを感じ苦しんだと思います。しかし、彼女は、「人を助けることが私の使命なのだから、気にせずに人を助け続けよう」と、気持ちを入れ替えることができました。

彼女はなぜ「気にせず」にいられたのかといえば、それは彼女に「理不尽な経験を、心で笑って済ませる」ような楽天的な意識があったからだと思います。

上司や夫や友人から理不尽な仕打ちをされることがあっても、「心の中で笑って済ませる」という意識があれば、それほど気にせず、苦しまずに済むと思います。

**恩知らずな仕打ちを受けても、笑って済ませば気にならない。**

# 期待する気持ちが強すぎるから、「裏切られた」と感じる

他人に対して怒りの感情を持ちやすい人の特徴《とくちょう》に、「人に期待する気持ちが強すぎる」ことが挙げられます。

「困ったときは、あの人が私を助けてくれるはずだ。だって、あの人は、私の親友なのだから」

「上司がリーダーシップを発揮《はっき》して、私を引っ張っていってくれるだろう。上司についていけば、給料が上がり出世もできる」

といった具合です。

人に期待すること自体は、もちろん悪いことではありません。

しかし、その期待感が強すぎると、期待を裏切られたときに、強い怒りの感情にとらわ

れてしまいます。

いや「裏切られた」ということ自体、自分の勝手な思い込みで、相手は自分のことで精一杯で、自分のこと以外は考える余裕などなかったのかもしれません。

そのために、人のことなど気づかなかっただけなのかもしれないのです。

しかし、ほったらかしにされた人としては「裏切られた」という強い思いにとらわれていきます。

「人に期待する気持ちが強い」というのは、言い換えれば、「他人への依存心《いぞんしん》が強い」ということです。

さらにいえば、「他人に甘えている」ということです。

そういう人はもう少し、自立心を持って生きていくことが大切です。

そうすれば、たとえ友人や上司が、期待通りのことをしてくれなかったとしても、それほど気にせず「心の中で笑って済ませる」ことができます。

**人への依存心を持たない。一人の人間として自立心を持って生きていく。**

# 「〜なのが当たり前」という考え方が、人間関係を壊す

「〜なのが当たり前」という考え方は、実は自分のわがままな思い込みであるケースがあります。

そして、「〜なのが当たり前」という思い込みによって、人に強い怒りを感じ、そのために人間関係を壊《こわ》してしまう……という事例《じれい》があります。

「親ならば、子どもの幸福のために犠牲《ぎせい》になるのは当たり前だ」と考える男性がいます。

その人は自分で商売をやっています。

しかし、思うように売り上げが伸びずに、資金繰りに困る事態《じたい》になりました。

そこで泣きついたのは親でした。「お金を用立ててほしい」と頼み込んだのです。

しかし、年老いた両親には、自分の老後のために使わなければならないお金しかなく、

息子に回してやる余裕などありませんでした。

いくら子どもの頼みとはいえ、応じられなかったのです。

しかし、「親は子どもの犠牲になるのが当たり前だ」と思い込んでいた彼は、親への怒りを抑えられなくなって、そのまま親とは絶縁状態《ぜつえんじょうたい》になってしまったのです。

こんなケースのように、「〜なのが当たり前」という考え方は、往々にして、自分の勝手なわがままである場合も多いのです。

こういう考えは、結局は、自分の身近な人たちとの人間関係を壊していく原因になります。

自分のわがままでしかない「〜なのが当たり前」という考えは、捨て去るほうがよいでしょう。そうすれば頼みごとを断られても、怒ることなく、「悪かった。今の話は忘れてほしい」と、「笑って済ませる」ことができます。

**たとえ親でも、人には人の事情があると理解する。**

## 共感してくれる人を、「グチの聞き役」に選ぶ

気持ちが落ち込んでいるとき、親身《しんみ》になって話を聞いてくれる相手がいると気持ちが楽になる……と、よくいわれます。

これは事実に違いないのですが、ただし人によっては「親身になって話を聞いてくれる」どころか、説教臭いことを言ってきたり、人をバカにするようなことを言ってくる人もいます。

「そんなことで弱音を言って、どうするんだよ。だから、君はダメなんだ」

「それくらいのことで落ち込むなんて、あなたは精神的に弱いんですね」

といった具合です。

これでは気持ちが楽になるどころか、ますます落ち込んでしまうことになります。

説教や、人をバカにするようなことを言う相手に、怒りの感情もわいてきます。

それでなくても落ち込んでいるのに、さらに怒りの感情に振り回されることになれば、ダブルパンチです。

したがって、「誰でもいいから、グチを聞いてもらいたい」と考えるのは危険です。

グチを聞いてもらう相手は、それなりに慎重《しんちょう》に選ぶのが賢明《けんめい》です。

まずは、日頃から信頼している相手である必要があります。そして、

「それは、あなたも辛《つら》かったでしょうねえ」

「あなたの気持ちはよくわかります」

と、共感を持って受け答えしてくれる相手を選ぶことが大切です。

相手から「わかってもらえた」と感じたとき、初めて心が癒《い》やされます。

そうすれば辛いことでも「心で笑って済ませる」ことができるようになります。

## 説教臭い人、人をバカにする人を「グチの聞き役」に選ばない。

## ケンカを売ってくる相手を、「反面教師」と考える

穏《おだ》やかな気持ちで暮らしていくための大切な心得に、「ケンカを売られても、買わない」ということがあります。

人からバカにされたり、声を荒《あら》らげて非難されるようなことを言われると、こちらもついカッとなって、感情的になって言い返すことになりがちです。

しかし、「感情的な言い合い」ほど無益なものはありません。

その後、何日間も腹立たしい気持ちを引きずっていくことになるからです。

それればかりではなく、腹いせまぎれに誰かに八つ当たりをして、その人ともケンカになってしまうこともあるでしょう。

したがって、ケンカを売られるようなことがあっても、買わないほうがいいのです。

バカにされても、非難されても、悪口を言われても、「心の中で笑って済ませる」意識を持って相手にしないことが大切です。

ケンカを売ってくる人を相手にして、自分は冷静さを保《たも》つことは簡単なことではないかもしれませんが、一つコツがあります。

それは、「その相手を反面教師とする」方法です。

「こんなつまらないことで感情的になって突っかかってくるなんて、なんて度量《どりょう》の小さい人なんだろう。情けないことだ。私は、あのような人間にはなりたくない」

と、その相手を反面教師にします。そのように考えることで、自分の心は不思議に鎮《しず》まっていくものです。

その「度量の小さい相手」を、心の中で「かわいそうな人だ」と笑い飛ばしてしまうこともできるでしょう。

いずれにしても、こちらは感情的にならずに済みます。

**「あんな人にはなりたくない」と思うと、不思議に心が鎮まっていく。**

# 「負けるが勝ち」で、ケンカを買わない

「負けるが勝ち」ということわざがあります。

誰かにケンカを売られたとき、自分が応戦せずに黙っていれば、相手は勝ち誇ったような顔をして、こちらを見てくるかもしれません。

そうなれば、もちろん悔しい思いもしてくるでしょう。

しかし、「負けるが勝ち」と自分に言い聞かせて、売られたケンカを買わないことが得《とく》策《さく》なのです。

「他人からケンカを売られて、なにも言い返さずに黙っているところを見られたら、まわりの人たちから『弱い人間』だと見なされる。そんな悔しい思いをしたくない」という人がいます。

しかし、それは思い違いだと思います。

まわりの人たちは、自分を「弱い人間」などと思うことはありません。

むしろ、「あれだけ言われて、言い返さずにいられるのは、それだけ人間的に懐《ふところ》が深い証《あか》しだ。人間ができているのだ」と、むしろ尊敬の思いを向けられることになるでしょう。

それに加えて、ケンカを売った相手に対して、「あんなことでムキになって騒ぎ立てるなんて、なんて大人げない人なんだろう」と、軽蔑《けいべつ》の眼差《まなざ》しを向けることになるでしょう。

つまり、あえて負けることによって自分の評判を上げ、相手は評判を落としてしまうのですから、「負けるが勝ち」なのです。

「負けるが勝ち」ということわざも、ケンカを売られても「心の中で笑って済ませる」ためのヒントを含んでいます。


**ケンカに勝ったほうが評判を下げ、ケンカに負けたほうが評判を上げる。**

# 一つ大人の考え方をして、自分から先に謝る

「仲がいいほどケンカする」といいます。

仲がいい人同士は、お互いに気軽にズバズバものを言いますから、それが原因でケンカになりやすいのです。

また、仲がいいほど、ほんのちょっとした気持ちのすれ違いからケンカになってしまうことがよくあります。

仲のいい親友とケンカになってしまった人がいます。

彼らは、それっきり連絡も取り合わない状態が何日も続きました。

しかし、心の中ではお互いに、早く仲直りしたいと思っているのです。

以前のように、その親友と仲よくつき合っていきたいと思っているのです。

しかし、一方の人は「向こうから先に謝るべきだ。向こうから謝ってこない限り、私は許さない」と、意地を張って、その親友に連絡を取らないでいます。

おそらくは、相手も同じように、「私から先には謝らない」と意地を張っているのではないでしょうか。

しかし、このままお互いに意地を張り合っていたら、永遠に仲直りすることはできません。

そうなれば、その人は、大切な親友を一人失うことになります。

こういうケースでは、自分のほうが一つ大人の考え方をして、先に謝ってしまうことが大事です。

そうすれば、相手も気持ちよく、「私も悪かった。ごめんなさい」と謝ってくれるでしょう。そして、ケンカしてしまったことを、お互いに「心の中で笑って済ませる」ことができます。

**親友同士で、お互いに意地の張り合いはしない。自分から先に謝る。**

# 第7章　他人のことを笑って許す習慣

# 善意からの失敗は、笑って許してあげる

他人のした失敗のために、迷惑《めいわく》をかけられることがあります。

そのような経験をしたとき、二通りの反応の仕方があるように思います。

あるタイプの人は、「なんてことをしてくれたんだ。私にも迷惑がかかるんだぞ。わかっているのか」と、失敗した相手を散々非難し、カンカンになって怒ります。

しかし、また別のタイプの人は、怒りません。

相手を非難することもしません。

たとえ、自分が迷惑を被《こうむ》ったとしても、「よくあることだ。気にするな。また次の機会に、がんばれ」と、笑って許すことができます。

この「笑って許す」ことができる人は、心が広い人といえます。

広い心で、相手の思いをくみ取ることができる人といえます。

一方で、そこで怒り出す人は、心が狭く、自分の都合《つごう》しか頭にない人です。

相手からすれば、失敗したくて失敗したのではないと思います。

迷惑をかけたいと思って、迷惑になるようなことをしたのでもないでしょう。

がんばって、よい成果を挙げて、そのことで「人に喜んでもらいたい」と思っていたと思います。いわば「善意の持ち主」だったのです。

そのような善意から出た失敗であるならば、たとえそのことで迷惑をかけられることになったとしても、「笑って許す」ことが人間的な優しさではないでしょうか。

それができず、迷惑をかけられたことを怒ってばかりいる人は、人への優しさが足りないのです。

そのように自分の都合しか頭にないタイプの人は、いずれまわりの人から嫌われ寂しい思いをすることになるかもしれません。


**人間的な優しさを持つ人は、善意から出た失敗を笑って許す。**

## 「ポジション・チェンジ」で、相手の真意を理解する

心理学に「ポジション・チェンジ」という言葉があります。

「自分と相手とのポジションを変えてみる」ということです。

これは相手の立場や考え方、あるいは心理といったものを理解して、人間関係を円満《えんまん》にするための方法の一つです。

わかりやすくいえば、「相手の立場になってみる」ということです。

たとえば、身近な人に迷惑をかけられた場合です。

一人の同僚が、忙しい仕事に追われてアタフタしている自分に気を遣《つか》って、お茶を持ってきてくれたとします。そして、「お茶でも飲んで、少しリラックスすれば」と、優しい言葉をかけてくれます。

しかし、そのお茶を机の上に置くとき、誤ってこぼしてしまったのです。

おかげで重要な書類が濡れてしまいました。

もし、こういうケースで、自分のポジションからしかものを考えられない人であれば、「なにやってるのよ。どうしてくれるのよ」と、カンカンになってしまうでしょう。

しかし、ポジション・チェンジをして、相手の立場に立つことができる人は、「善意からお茶を持ってきてくれた。悪気があってお茶をこぼしたのではない」ということが理解できます。

そうすれば、感情的になって怒ることはありません。「心で笑って済ませる」ことも可能になります。

人間関係では、このように、なにごとにおいても相手の立場になってものを考えながら、人とつき合っていくことが大切です。

それが人と上手に関係を深めていくコツになります。


**相手の立場に立てるから、笑顔で人とつき合っていける。**

# 感情的になる前に、「どうしたの？」と問いかける

仕事は、多くの場合、たくさんの人たちとの共同作業です。

会社などでは、一つの部屋に集まって、みんなと協力し合いながら仕事を進めます。

そういう状況では、自分とまわりの人たちとの気持ちがすれ違って、他人の仕事のやり方にイライラさせられることも少なくありません。

たとえば、自分が「早くこの仕事を片づけなければならない」と、気持ちを入れて仕事を片づけていたとします。

そんなとき、隣の同僚はといえば、一向に仕事を急ぐようすがありません。

仕事の効率が上がっていないようなのです。

その同僚の仕事が遅れれば、自分の仕事にも遅れが出てしまいます。

そこで、感情的になって、「もっと急いで仕事をやって。サッサと仕事を片づけて」と声を荒《あら》らげてしまう人もいるかもしれません。

こういうケースで感情的にならずに済む方法は、自分の立場から考えるのではなく、相手の立場になってみる、ということです。

つまり、「ポジション・チェンジ」です。

相手の立場になるためには、「どうしたの？」と声をかけるだけでいいのです。

そうすれば、相手は、なにか納得《なっとく》のいく答えを返してくれるでしょう。

たとえば、「今ここで慌てて仕事を進めると、大きなミスをすることになって、最初からやり直さなければならなくなるので、慎重《しんちょう》になっている。ここはミスが出やすいところなの」といった答えです。

相手の考えがわかれば、感情的にならずに済みます。

「そうだったね」と、「心の中で笑って済ませる」ことができます。

**「どうしたの？」と問いかけることで、相手の考えを理解できる。**

## 話し合いで感情的になれば、いい結論は得られない

会社では、よく意見が対立することがあります。

自分とすれば、「今が、このビジネスの攻めどきだ。ドンと資金をつぎ込んで打って出れば、必ず成功に導《みちび》ける」という考えでいます。

それに対して、同僚の一人が、「今打って出るなんて、なにを考えているんだ。危険が大きすぎる。むしろ今は慎重になるべきだ」と、真っ向から反対意見を述べてきます。

どういうケースであるにせよ、自分の意見を全否定されることは、気持ちのいいことではありません。

自分の意見ばかりでなく、自分の人格まで否定されたように思えてきて、思わず感情的にもなってしまいます。

しかし、感情的になったのでは、いい話し合いはできません。

相手を説得することもできませんし、今後、気持ちを合わせて働いていくこともできなくなるでしょう。

このようなときに大切になるのが、「ポジション・チェンジ」です。

もちろん自分としては、成功する見込みがあるから「打って出るべきだ」と主張しています。一方で、相手も、なにかしらの根拠《こんきょ》があって、「慎重になるべきだ」と言っています。まずは、相手がなにを根拠にして反対しているのかを確かめることが重要です。

その根拠がわかれば、自分としても「そうか。そういう理由があって慎重になっているのか」と納得できる部分が出てくるかもしれません。

そうすれば、相手に自分の意見を否定されるようなことを言われても、感情的にならず、笑って済ませることが可能になります。

そして、穏《おだ》やかな話し合いによって、いい結論を得ることができると思います。

**自分の意見を主張するばかりでなく、相手の意見の根拠を確かめる。**

## 相手の苦労を理解すれば、同情心も生まれてくる

「私の上司はガミガミ怒ってばかりいる。私までキレてしまいそうになるときがある」と、こぼす部下がいます。

そこで、部下と上司がお互いに感情的になって言い争いを始める、というケースもあるようです。

確かに、上司が感情的な人だと、部下まで感情的になってしまうことがよくあります。

しかし、会社内で部下と上司が言い争うということは、いいことではないでしょう。

どちらか一方が感情を鎮《しず》めなければなりません。

ここでは、部下の気持ちの鎮め方について考えてみます。

そこで大切になってくるのが、上司の立場になってみる、ということです。

つまり、「ポジション・チェンジ」です。

ガミガミ上司への不満ばかり溜《た》めこんでいるのではなく、「なぜあの上司はガミガミ言うのだろう？　もともと、そういう性格なのか？　それともなにか事情があるのか？」と考えてみることです。

そうすると、たとえば一例ですが、

「上司も、社長からプレッシャーをかけられて苦しい思いをしているみたいだ。おまけに上と下との板挟《いたばさ》みになって苦労しているのだろう。ストレスが溜まって、感情的になってガミガミ言うのも無理はない」ということがわかってきます。

このように相手の状況や心境が理解できれば、こちらは感情的にならずに済みます。

上司からガミガミ言われることがあっても、あまり気にせず、「心の中で笑って済ませる」つもりで軽く受け流すことができるのです。


**自分が感情的になる前に、相手が「なぜ感情的になるのか」を理解する。**

# 価値観の違う相手と、円満に話し合っていくコツとは

価値観の違う相手によって、いらだたしい思いにさせられるということがあります。

人と人との価値観の違いはさまざまな理由から生じますが、会社などでよくあるのは、担当する仕事によっての「価値観の違い」ではないでしょうか。

たとえば、営業を担当する人に、経理の仕事をやっている人が、「経費の使いすぎだ。これでは予算をオーバーしてしまう」と文句を言います。

経理担当者とすれば、「経費は予算内でおさめるのが当然だ」という価値観があります。

しかし、営業担当者とすれば、「経費は予算内でおさめるほうがいいことはわかっているが、取引先との関係でどうしてもお金が必要になってくる場合もある」という考えがあるでしょう。

「取引先との関係を最優先すべきだ」というのが、営業担当者の価値観です。

この両者の価値観が衝突《しょうとつ》して、感情的な言い争いに発展し、社内になにかとギクシャクした雰囲気がただようということもあるのです。

どのような業種の会社であっても、「営業と経理の仲が悪い」という話はよく聞きます。

「仲が悪い原因」は、お互いの価値観の違いにあるのでしょう。

しかし、価値観の違う者同士で反目《はんもく》し合っているのは、会社全体の利益から考えればよいことではありません。

価値観の違う者同士が円満な話し合いをして協力関係を結ぶために大切なのは、お互いに「相手の立場に立って考える」という意識を持つことです。

相手の言い分を、「心で笑って許す」という意識をお互いに持ち、両者とも納得できる妥協点《だきょうてん》を探していくことが必要です。


**相手の言い分を「心で笑って許す」意識を持って妥協点を探す。**

# 価値観の違う親子が、うまくつき合っていく方法とは

価値観の違う相手と円満な話し合いをするコツとして、次の四点が挙げられます。

＊相手の言い分を否定しない。
＊自分の都合を押しつけない。
＊相手の話をよく聞く姿勢を持つ。
＊相手の言い分を認める度量《どりょう》を持つ。

これを一言で要約すれば、「相手の立場になる」ということなのです。
つまり、「ポジション・チェンジ」です。

価値観の違いからよく言い争いになる関係に、「親子関係」があります。

たとえば、親が息子に大学に進学するよう勧めます。それに対して息子は、「大学へは進学せずに、プロのミュージシャンになる活動をする。ミュージシャンになるのが、僕の夢だ」と言い張ります。親はなにも、息子に意地悪を言うつもりで、大学進学を勧めているわけではないでしょう。息子の将来のことを思って、そう言っているのです。

一方、息子も、親に反抗するつもりで「大学へは行かない」と言い張っているのではないと思います。自分の夢を追いかけていきたいという純粋な思いがあるのです。

その相手の気持ちを理解せず、お互いに一方的に自分の言い分を主張し合っているのでは、この親子は反目し合ったままで終わってしまいます。

そこで、ここに掲げた四つの留意点《りゅういてん》を踏まえ、相手の言い分を「心の中で笑って許す」という温かい意識を持って、話し合っていくことが大切です。

そうすれば、お互いに納得できる一致点を見つけ出すことができます。

**相手の言い分を否定せず、相手の話をよく聞く。**

## 男女で言い争うのではなく、笑顔で話し合う

どんなに仲のいい男女であっても、ときに、激しく言い争うことがあります。

男と女がケンカになるときは、往々にして、両者の価値観の違いが原因になる場合が多いと思います。

一般的に、男の価値観は、「仕事優先」です。

仕事が忙しくなれば、デートの約束を取り消すこともあるでしょう。

夫であれば、仕事が忙しいことを理由に、熱心に家庭サービスに取り組もうとしません。

一方で、女性の価値観は、「仕事が忙しいのはわかるけれど、二人で一緒にいる時間、家族で共にすごす時間をもっと大切にしてほしい」というものでしょう。

そこで「また仕事のために、一緒にすごせないの？」「だってしょうがないだろう。仕

事なんだから」「仕事と私と、どちらが大切なの？」「そんなこと聞かれても困る」といった言い争いが始まってしまいます。

こういうケースで大切なのは、お互いに自分の言い分ばかり主張しない、ということです。

こういう場合は「ポジション・チェンジ」をおこなって、男は「女の価値観」を、一方で女は「男の価値観」を受け入れていく意識を持ちながら話し合うことが大切になってきます。

自分の都合を押しつけず、まずは相手の話をよく聞く姿勢を持つ、ということです。

そうすれば、激しく言い争うのではなく、「笑って済ませる」ことができます。

男女関係でも、お互いに笑顔で話をすれば、必ず双方とも納得できる一致点を見つけられると思います。

**まずは相手の話をよく聞くことから始める。それから自分の思いを伝える。**

# 積極的なミスならば、むしろ笑って許す

多くの人から慕《した》われるよきリーダーになるための条件の一つに、「笑って許すことができる」ということが挙げられます。

野球の名監督として知られる男性がいます。

彼は、「もし選手がミスをしても、積極的なプレーから生じたミスであれば、怒らない。笑って許す」と言っていました。

むしろ、「いいチャレンジ精神だった」とほめる、というのです。

積極的なプレーから生じたミスを、もし叱ってしまったら、その選手は萎縮《いしゅく》して、もう積極的なプレーをしなくなります。

「いいプレーをしたい。活躍したい。勝利したい」という意欲も失ってしまいます。

ですから彼は、叱るのではなく、笑って許し、そしてほめる、というのです。

それが選手の意欲と能力を伸ばすコツだといいます。

これは、会社の上司にも参考になる話ではないでしょうか。

部下がミスしたとき、そのミスの性質がどういうものかを見極めることが大切です。

もし、それが、やる気のなさから生じたミスであれば、叱って反省させることも大切になります。

しかし、仕事へのチャレンジ精神から生じたミスであった場合、それを頭ごなしに叱ってしまったら、部下のやる気を奪い取ってしまうことになりかねません。

この場合は、笑って許し、ほめてあげる上司としての度量の広さを見せるほうがいいのです。

そのような度量の広い上司を部下は慕うでしょう。


**積極的なミスなら、笑って許してくれる上司に、部下は安心感をおぼえる。**

# 部下の失敗を笑って許せるのは、度量が大きい証し

明治維新《めいじいしん》の英雄である西郷隆盛《さいごうたかもり》（19世紀）に、次のようなエピソードがあります。

あるとき、腹心《ふくしん》の一人が大きな失敗をしてしまいました。

その腹心は、「申し訳ないことをしました。腹を切ってお詫《わ》びします」と騒《さわ》ぎ始めました。

西郷は、その腹心に、「腹を切るのは痛いぞ。痛いことはしたくないだろう」と冗談を言って、笑って許した、というのです。

その腹心は、悪気があって失敗をしたのではありませんでした。

西郷のために、また同志のためによかれと思ってしたことで、はからずも失敗してしまったのです。

それを十分にわかっていたからこそ、西郷は、その腹心を笑って許したのです。

その一件以来、「さすがに西郷隆盛という人物は、人間としての度量が大きい」と評判になり、さらに多くの人たちが西郷のもとに集まってきたというのです。

西郷隆盛といえば、「理想のリーダー」の典型的な人物の一人ですが、この人もやはり「心で笑って許す」ことができる人だったようです。

失敗をした部下を笑って許すことは、上司にとって簡単なことではないでしょう。

それがたとえ悪気のない、積極的な行動から生じた失敗だったとしても、実際には、その部下を叱りつけてしまう上司が多いかもしれません。

しかし、だからこそ、「笑って許せる心が広い上司」が多くの人たちから注目され、慕われ、信頼されるのです。


**「笑って許せるリーダー」に、多くの人がついていく。**

# 第8章　執着心《しゅうちゃくしん》を笑って手放す習慣

# 攻めの気持ちを忘れずに、「人生の軌道修正」をする

人生では、時として、「軌道修正」を迫《せま》られることがあります。

ある業種への就職を希望して、就職浪人までしてがんばってきたものの、今年もまた不採用。いつまでも親に面倒を見てもらっているわけにもいかず、その業界への就職はあきらめて、どこか別の業界の就職先を探さなければならない……という場合もあるでしょう。

また、ある人のことが好きで好きでしょうがなかったものの、その相手は他の人と結婚することに。

その人のことはあきらめて、別に好きな人を探さなければならない……という人もいるかもしれません。

このように「人生の軌道修正」を迫られたとき、人によっては、「私は挫折《ざせつ》した」と考

えてしまう人がいます。

しかし、「挫折」は、みずから人生の敗北宣言をするようなもの、とも考えられます。「挫折した」などと思ってしまったら、次の人生のステージへ向かって、前向きな気持ちで進んでいけないでしょう。

したがって、「私は挫折した」と考えるよりも、「これは、もっと大きな幸せをつかむために、私の人生にとっては必要な軌道修正なんだ」と、自分の人生に対して「攻めの気持ち」に持っていくほうがよいのです。

そのために大切になるのが、「心で笑って済ませる」という意識です。希望の業種に就職できなくても、好きな人と結ばれることがなくても、「心で笑って済ませる」意識を持つことで、気持ちが「負け」から「攻め」へと転じます。

**軌道修正を迫られても、それを「挫折」と思わない。**

# 後ろ向きな気持ちであきらめない、前向きにあきらめる

「最後まで、あきらめるな」と、よくいわれます。

一方で、「あきらめが肝心《かんじん》だ」という言葉もあります。

これは相矛盾することをいっているように見えますが、どちらも人生にとっての大切な意味があるように思います。

夢を叶えようと思うとき、途中で簡単にあきらめてしまったら、永遠に夢など叶えることはできません。「最後まで、あきらめない」という強い思いを持って、がんばっていく必要があります。

しかし、人間は、自分一人の思いだけで生きているわけではありません。

家族の事情、会社の事情、あるいは時代の変化など、様々な要因《よういん》によって「あきらめ

る」ことが必要になってくることがあります。

そのときに、なおも「私はあきらめない」と言ってがんばっていると、そのために家族との関係が壊《こわ》れたり、会社での立場が悪くなる、というケースもありえます。

ですから「最後まで、あきらめるな」というのも人生の大切な真理ですが、一方で「あきらめが肝心だ」という言葉が人生の真理になる場合もあるのです。

ここで大切なのは、その「あきらめ方」です。

後ろ向きな気持ちであきらめるのでは、その後の人生を前向きな気持ちで生きてはいけないでしょう。

前向きな気持ちであきらめてこそ、次の人生へ前向きな気持ちで向かっていけます。

「しょうがない。あきらめよう」と、心で笑って済まして、清々《せいせい》とした気持ちになって今後の人生を築き上げていけばいいのです。

**「しょうがない。あきらめよう」と、「心で笑って済ませる」。**

# あきらめたからといって、才能まで失うことはない

ある女性演歌歌手は、子どものころ、アイドル歌手として成功することを夢見ていたといいます。

彼女は実際に、十代で、アイドル歌手としてデビューしました。

しかし、まったくヒット曲に恵まれないまま二十代となり、三十歳近い年齢になってきました。

彼女は「三十歳になった女性が、アイドル歌手を目指して活動しても、成功するわけがない」と考え、年齢的な事情から、「アイドル歌手として成功する」という夢はあきらめざるを得なくなりました。

そこで彼女は、演歌歌手へと転向《てんこう》しました。

すると、今度は徐々《じょじょ》に人気が出はじめました。

もともと歌がうまい人だったので、その才能が活かされたのです。

この話は、どうしようもない事情から、たとえなにかをあきらめることになったとしても、「自分が持っている才能」まで消えてなくなることはない、ということを教えてくれています。

そして、その才能を次の人生へ活かすことができれば、別の形で自分の夢を実現できることを示しています。

つまり、別の形で成功や幸福を手にすることができるのです。

夢をあきらめたからといって、人生まであきらめる必要はありません。

自分の才能、能力、経験といったものを活かすことができれば、人生の第二ステージで花を咲かせることができます。

これも「笑って夢をあきらめる」ために参考にしてほしい話です。


**持っている才能を、人生の第二ステージで活かす。**

# 定年退職後も、イキイキと元気に暮らすためには？

精神医学に「定年うつ」という言葉があります。

若いころからバリバリ働いてきた人が、定年間近になると、あるいは長年働いてきた会社を定年退職すると、気持ちが落ち込んで、うつ状態を発症《はっしょう》することがよくあるのです。

それを「定年うつ」と呼びます。

本人からすれば、「私には能力も体力もまだまだある。もっと働きたい」という気持ちがあります。

しかし、会社の規定で、ある年齢になったら、その会社では働き続けることをあきらめざるを得なくなります。

そのために、「自分が不要物としてお払い箱にされてしまう」ように思えてきて、気持ちが落ち込んでしまいます。

このような「定年うつ」にならないための方法の一つは、新しく働く場を探すことです。自分が持っている能力も体力も活かすことができ、そして、そんな自分を必要としてくれる場を探すことです。

長年働いてきた会社で、そのまま働き続けることをあきらめなければならなくなったとしても、自分が持っている能力や体力まで奪われるわけではありません。

それを活かせる仕事先が見つかれば、新しい働きがい、生きがいが生まれます。

したがって、老いてもイキイキと元気に暮らしていけます。

そう考えれば、定年退職を迎えても、「心で笑って受け入れる」ことができるようになります。


**定年後も、自分が持っている能力と体力を活かせる仕事を探す。**

## 失うのではなく、「みずから手放す」と考える

人には、得るときもあれば、それを失うときもあります。

会社でがんばって働けば、地位や名誉《めいよ》を得られます。高額な報酬《ほうしゅう》も得られるでしょう。

しかし、その会社を定年退職するときには、地位も名誉も高額な報酬も失うことになります。

仏教では、これを「無常《むじょう》」といいます。

「永遠に自分が持っていられるものなど、この世にはない。得たものを失うときが必ずやってくる」といった意味です。

人は「得るとき」は、うれしいものです。

それは大きな喜びになります。

しかし、一方で、「失うとき」には、辛《つら》く悲しい気持ちを経験することになります。

いったん得たものに執着すればするほど、この辛く悲しい気持ちは強まります。

ですから、仏教は、「執着心を捨てることが大切だ」と考えるのです。

執着する心がなければ、失うことがあっても平常心でいられます。

「執着心を捨てる」ためには、「失う」と考えないほうがいいのです。

むしろ「手放す」と考えるのが賢明《けんめい》です。

定年退職となって地位や名誉や高額な報酬を失うのではなく、「みずから手放す」と考えるのです。

そして、地位や名誉やお金といった問題から解放されて、今後の人生をノビノビと自由に生きていくことを考えるのです。これからの人生の幸せのために、「みずから手放す」。

そう考えることで、新しい人生へ明るく笑いながら向かっていけます。


**これからの幸福のために、明るく笑って手放していく。**

## 「手放した」と考えることで、生きる力が生まれてくる

ある女性は、会社員時代に貯金して蓄《たくわ》えた資金を元手にして、生活雑貨店を開きました。

しかし、思うように売り上げが伸びていかず、せっかく開いた自分の店を閉じることになりました。

それ以来、彼女は、「自分の店を失ってしまった」と落ち込んでいます。

彼女はまだ二十代後半の若さなのですが、自分の将来に新たな希望を持てずにいるのです。

この事例の女性についても、考え方を変えることで、落ち込んでいる状態から抜け出すきっかけを得られるのではないかと思います。

つまり、「自分の店を失った」と考えるのではなく、「自分の店を手放した」と考えてみ

るのです。

現実的には、売り上げが伸びずに店を失うことになった、というのが事実かもしれません。しかし、気持ちの中では、「手放した」と考えます。

「手放す」という言葉には、ポジティブな意味があります。

それは、「これからの自分の人生を前向きに生きていくために、手放す」という意味です。

彼女の場合、まだ「若さ」があります。「若々しい情熱」も残っているはずです。

自分で商売を始めるだけの「バイタリティ」もあるでしょう。生活雑貨に関する「知識」もあるでしょう。

「手放した」と考えることで、自分が持っている力をこれからの人生に活かしていくことを考えられるようになるでしょう。


**若々しい情熱があれば、人生は何度でもやり直せる。**

# 執着心を手放せば、心に希望が満ちてくる

禅の言葉に、「放《はな》てば手にみてり」というものがあります。

「放つ」とは、「手放す」ということです。

「手にみてり」は、「幸福感が満ちてくる。生きる力が満ちてくる」と理解すればわかりやすいでしょう。

「手放す」ことで、より前向きに充実した人生を実現できる、ということです。

ではなにを手放すのかというと、禅の言葉でいえば、それは「執着心」です。

「あきらめざるを得なくなった夢」「かつて得ていた地位、名誉、高額の報酬」、あるいは「閉じてしまった自分の店」といったものへの執着心です。

そのような、「今はもうなくなったもの」「もう取り返すことができないもの」への執着

心を手放せない限り、その人はいつまでも自分の将来について前向きに考えていくことができません。

前を向いて、未来へ向かって歩いていけません。

したがって過去のことばかり思い出しては、気持ちを落ち込ませる生活を送っていくことになるのです。

ですから、禅は「手放すことが大切だ」というのです。

執着を手放すことで、実は自分には、優れた才能や能力、そして体力もバイタリティも備わっていることに気づきます。

そして、そういったものを活かしていけば、これから素晴らしい人生を築いていける、ということに気づくのです。

手放すことができれば、その人の表情には明るい笑顔が満ちてきます。

手放すことができれば、その人の心には明るい希望が満ちてきます。

**「今はもうなくなったもの」への執着を手放し、未来に気持ちを向ける。**

## 「幸せになる方法」は、たくさんあると知っておく

心理学に「とらわれ」という言葉があります。

禅では「執着心を手放すことで、幸せになれる」と説きますが、心理学は、この「とらわれ」を手放すことによって幸福感に満ちた人生を実現できると考えます。

そういう意味では、禅の「執着心」と、心理学の「とらわれ」には似た意味があると考えていいでしょう。

ところで、「とらわれ」の一例に、「この方法しかない」という考え方があります。

たとえば、「お金持ちにならなければ、幸せになれない」という人がいます。

そのような人は、お金儲けのために血眼《ちまなこ》になって生きることになります。

それでも実際に、お金持ちになることができればいいでしょう。しかし、お金持ちにな

ることができなかったら、このタイプの人はどうなってしまうのでしょうか？

きっと「私は不幸だ」と絶望し、生きる希望をなくすことになります。

幸せになる方法は、お金持ちになることだけとは限りません。

「それほど収入が多くなくても、やりがいのある仕事があれば幸せだ」という人もいると思います。「何はともあれ、仲のいい家族がいるから、私は幸せに暮らしている」という人もいるでしょう。

幸せになる方法は、たくさんあるのです。

しかし、「お金持ちにならなければ、幸せになれない」という考えにとらわれている人は、それに気づきません。

そういう人はこの心理的な「とらわれ」を手放すことが大切です。そうすれば、たとえお金持ちになれなかったとしても、それを「心で笑って済ませる」ことができます。幸せになるための他の方法を、前向きな気持ちで探すことができます。

**「お金持ちにならなければ、幸せになれない」というとらわれを手放す。**

## 「この人しかいない」というとらわれが、自分を不幸にする

心理学でいう「とらわれ」の一例に、「この人しかいない」という考え方があります。

たとえば、ある女性が、好きになった男性について、「私を幸せにしてくれるのは、この人しかいない」と考えます。

それだけ純粋な気持ちで相手の男性に好意を寄せているともいえるのですが、もし彼が他に恋人を作ってしまったら、どうなるのでしょう？

もし彼が、自分以外の女性に思いを寄せていて、その女性と結婚することになったら、どうなってしまうのでしょうか。

「私を幸せにしてくれるのは、この人しかいない」という考えにとらわれている女性にとっては、悲劇的な結果になるでしょう。

「私が幸せになる方法は、もうなくなった」と希望をなくして、落ち込んだまま立ち直れなくなってしまうでしょう。

しかし、実際には、他にステキな男性はたくさんいます。

「私を幸せにしてくれるのは、この人しかいない」という考えにとらわれている人は、それに気づくことができません。

心理的な「とらわれ」のために、視野がとても狭くなっているのです。

したがって、そういう人は「私を幸せにしてくれるのは、この人しかいない」というとらわれを手放すことが大切です。

自分の殻《から》に閉じこもって交際の幅を狭《せば》めるのではなく、色々なタイプの男性と知り合う機会を増やすといいでしょう。

そうすることで、他にもたくさんステキな男性がいると気づき、ある特定の男性と結ばれることがなかったとしても「心の中で笑って済ませる」ことができるようになります。

**「幸せにしてくれるのは、この人しかいない」という考えにとらわれない。**

# 「〜しかない」思考で、自分の可能性を狭めない

みずから自分の可能性を狭《せば》めてしまう人がいます。

本当は、幸せになるための多くの可能性を秘めているのですが、それに自分自身が気づくことができないのです。こういうケースの人も、心理学でいう「とらわれ」におちていっている可能性があります。

たとえば、ある女性は、「私には、仕事で生きていく能力しかない」と考えています。

確かに、彼女は、働いている会社では仕事ができます。有能な女性社員として認められています。彼女自身も働くことに生きがいを感じています。

しかし、彼女は「〜しかない」という思い込みによって、恋人を作ることも、結婚をすることも初めからあきらめています。

「私には男性に甘えることなんてできない。こんな私は、たとえ恋人ができてもうまくいかないだろう。結婚したとしても、家事や子育てなどをちゃんとやっていく能力など私にはない」と考えているのです。

そのために、これまでに何人かの男性に交際を求められたことがありましたが、彼女はすべて断ってきました。

もちろん「私は仕事に生きる」と決心しているのなら、それでいいと思います。

しかし、「本当は恋人も作りたいし、結婚もしたい」と望みながら、この「～しかない」という思い込みにとらわれて、初めからあきらめているのだとしたら、それは残念なことだと思います。

本心では結婚や恋愛をしたいと思っているのなら、仕事しかないというとらわれを捨て去って、解放された気持ちで恋愛を楽しみ、結婚についても考えていくほうがいいでしょう。そのほうが、今よりももっと笑顔で生きていけるはずです。

**「～したい」という気持ちがあるなら、その可能性にチャレンジしてみる。**

# いらないものを手放すことが、幸福への早道になる

禅に、「放下着《ほうげじゃく》」という言葉があります。

この「放下」には、「捨て去る。手放す」といった意味があります。

「着」は、前の言葉を強調するための言葉です。

つまり、「なんとしても捨て去る。どうにかして手放す」という意味です。

なにを捨て去り、手放すのかといえば、禅でいう「執着心」であり、心理学でいう「とらわれ」です。

人は知らず知らずのうちになにかに執着したり、気づかないうちにとらわれにおちいることが多いのです。

お金儲けに執着している人もいるでしょう。

「どうせ私は幸せな結婚などできない」という思いにとらわれている人もいるかもしれません。

そして悩んだり、落ち込んだりして、幸せになる道をみずから塞《ふさ》いでしまっています。

そういう人は自分で自分を不幸にしています。

執着心も、とらわれも、自分で作り出した意識です。

したがって、自分で捨て去ろうと思えば、また、手放そうと決心すれば、それほど難しくなくできるのです。

自分の幸福をジャマしているものを手放して、開放的な気持ちになって、笑顔で生きていくのがよいと思います。

そうすれば、もっと創造的《そうぞうてき》な人生を切り開いていけるでしょう。


**自分に執着やとらわれがあることに気づき、そして手放す。**

# 第9章　コンプレックスを笑ってなくす習慣

## コンプレックスは、「生きる強み」に変えることもできる

「コンプレックスがあるために、私は幸せになれない」と思い込んでいる人がいます。

ここでまずいいたいことは、それは「思い込み」にすぎないということです。

自分自身が持って生まれた性格や能力にもっと楽天的な意識を持ち、ちょっと認識の仕方を変えるだけで、今自分がコンプレックスに感じていることは「逞《たく》しく生きていくための強み」に変化します。

たとえば、ある人は、「口下手《くちべた》」であることに悩んでいます。

その人は、自分が口下手であるという意識があり、またまわりの人たちから「君って、口下手だよね」とよく指摘されるといいます。

そのために口下手であることにコンプレックスを感じるようになり、

「口下手である私は、交渉《こうしょう》ごとを上手に進められないだろう。会議で発言しても、誰も私の意見に賛同してくれないだろう。きっと、ステキな恋人も見つけられないだろう」というマイナス思考にすっかりはまりこんでいるのです。

この人は、口下手というマイナス面ばかりに意識がとらわれています。

ですから、自分の人生を悲観的に考えてしまうのです。

あらゆるものごとにはマイナス面があれば、必ず、プラス面もあります。

たとえば、口下手ということのプラス面は、「口下手な人ほど、誠実《せいじつ》で、正直で、ウソをつけない」と考えることもできます。

うまくしゃべって話力で人を丸めこむようなことなど、初めからあきらめていますから、口下手な人は自然に誠実で、正直で、ウソをつけない人柄になっていくようです。

その自分のよい一面を強みにして生きていくことを考えれば、自分が口下手であることなど「心で笑って済ませる」ようになり、そして自分に自信を持てるようになります。

**口下手な人ほど、誠実で、正直で、ウソをつけない人柄を持っている。**

# コンプレックスは、ハングリー精神になる

戦国時代に豊臣秀吉《とよとみひでよし》（16世紀）という武将がいました。

織田信長《おだのぶなが》の後継者《こうけいしゃ》として天下人《てんかびと》となった人物です。

この秀吉は、若いころ、あるコンプレックスを抱いていました。

それは、自分が農民の出身であることでした。

彼は出世を夢見て、諸国《しょこく》を歩き回った後に信長の家来になりますが、当初は信長の有力な家臣たちから農民の出であることをからかわれていました。

そのことを秀吉も苦に感じていましたが、あるときから考え方を変えました。

それは、「コンプレックスに悩んでばかりいるのではなく、それをハングリー精神として生きる力に変えていこう」ということでした。

そして、信長の他の家臣たちよりもガムシャラに働き、とんとん拍子《びょうし》に出世《しゅっせ》していって、信長亡き後についに天下を取ったのです。

もし秀吉が農民出身でなかったら、強いハングリー精神を持てなかったかもしれません。そうなれば、秀吉が天下人までなることもなかったかもしれないのです。

たとえ秀吉でなくても、誰であっても、コンプレックスをハングリー精神に変えることはできます。そして、夢を叶えることができます。

また、コンプレックスをハングリー精神に変えることができれば、コンプレックスに思い悩むこともなくなります。したがって自分のコンプレックスを「心で笑って済ませる」ことができるようになります。

実際に秀吉も、家来たちと集まっておこなう余興《よきょう》で、農民の姿になってみんなと笑い合うことがよくあったといいます。秀吉にとって、このときすでに、自分が農民の出であるという事実は、もはや苦ではなくなっていた証《あか》しです。

**コンプレックスをハングリー精神に変えて成り上がる。**

# 人と異なることを、「自分の個性」と思う

自分がコンプレックスに感じていることに触れられると、激しく怒り出す人がいます。

たとえば、「頭の髪の毛が薄い」ということにコンプレックスを感じている人がいたとします。

友人から「君はまだ若いのに、髪の毛が薄いなあ」などと指摘《してき》されると、顔を真っ赤にして「うるさい。ほっといてくれ」と言って怒り出します。

そのために、その友人との人間関係も悪くなります。

その一方で、友人から、「君は髪の毛が薄いな」と同じことを言われたとしても、「そんなこと言うなよ」と、笑って済ますことができる人もいます。

この「心で笑って済ませる」ことができる人は、「髪が薄い」ことをあまり苦には思っ

ていないのです。

したがって、「髪が薄い」ことをコンプレックスとは思っていません。

ですから、それを指摘されても怒ることがないのです。

もちろん、友人との人間関係を悪くすることもないでしょう。

つまり、同じ「髪の毛が薄い」ということをコンプレックスに思うか思わないかというのは、実は、その人の意識の持ち方次第なのです。

もちろん、それをコンプレックスに思わずに生きていくほうが、まわりの人たちとも円《えん》満《まん》につき合っていけますし、また自分自身も心穏《こころおだ》やかに生きていけます。

こういう生き方を選択するほうが、その本人にとってはずっと幸せなのです。

まわりの人と比べて、自分に異質なものがあることを劣《おと》っていると感じないで、苦に思わないことが大切です。むしろ「これも私の大切な個性だ」と考えることができれば、「心で笑って済ませる」ことができます。

**「心で笑って済ませる」ことで、コンプレックスを克服する。**

# コンプレックスに感じている性格を、活かす仕事もある

成功のコツの一つに、「自分の性格に合った職業に就《つ》く」というものがあります。

ここで重要なのは、この「自分の性格」とは、自分が考えている「自分のよい性格」ばかりを意味しているものではない、ということです。

自分が今、コンプレックスに感じているような性格であっても、探し出そうと思えば、それに合った職業が見つかる場合があります。

そして、それが見つかれば、自分がコンプレックスに感じていた性格を活かして、成功への道を切り開いていくこともできます。

ある女性は、十代のころに、友人たちから、「あなたは八方美人《はっぽうびじん》ね」と言われることがよくあったといいます。ほめ言葉ではありません。「八方美人」には、『いい人』を装《よそお》っ

て、誰とでもうまくつき合っていく。調子のいいことを言って、まわりの人のご機嫌《きげん》ばかり取っている」といった意味があります。

「あなたは八方美人ね」という言葉には、そんな皮肉《ひにく》がこめられているのです。

彼女も、そんな自分の「八方美人的な性格」にコンプレックスを感じるようになり、積極的に人づき合いができない時期がありました。しかし、社会人になって自分の「八方美人な性格」に適した職業を見つけることができたのです。

それは「役員秘書」という仕事でした。たまたま親戚に秘書をやっている人がいて、話を聞くうちに自分も興味を感じ、秘書の勉強をしたあとに、ある会社で秘書として採用されました。すると、誰に対してもソツなくつき合っていける自分の性格が、秘書という仕事にピッタリだとわかりました。彼女は今、イキイキと働いています。

十代のころに「八方美人」と嫌みを言われた思い出も、「『心の中で笑って済ませる』ことができるようになった」と彼女は言います。

## コンプレックスがあるからいい仕事が見つからない、ということはない。

## 「目立たない」から、価値がある職業もある

まわりの人たちから、

「あの人には、これといった個性がない」

「その人は、目立たない存在だ」

といった言われ方をされる人がいます。

本人も、そのことを気に病み、コンプレックスに感じています。

「個性がない」「目立たない」性格の持ち主は、「私には、自分の性格に合った職業などない」という思いに悩んでいる人もいるでしょう。

個性や、目立った性格があれば、それに合うような職業を見つけ出すのは比較的簡単です。

「個性がない」「目立たない」性格では、自分に合った職業を見つける糸口が見つけにくいのは確かでしょう。そのために、コンプレックスが強まってしまいます。

しかし、そのような性格を活かす仕事もあるのです。

たとえば、コーディネーターです。

利害が対立する両者の間に入って、調停役《ちょうていやく》として働く職業です。

国連のような国際機関、あるいは役所などの公共団体などには、このような調停役、コーディネーターが活躍する仕事がたくさんあります。

このようなコーディネーターは、自己主張したり、目立つ動きをしてしまうと、利害が対立する両者をうまく調停することができませんから、かえって「個性がない」「目立たない」という性格の人のほうが合っています。

ですから、「個性がない」「目立たない」といった性格に思い悩むことなく、そんなコンプレックスは笑い飛ばして、前向きに自分に合った仕事を探すのがいいでしょう。

**「自分の性格に合った職業は必ずある」と信じる。**

## 「個性がない」「目立たない」から、穏やかに生きていける

古代中国の思想書《しそうしょ》である『老子道徳経《ろうしどうとくきょう》』に、
「上善《じょうぜん》は水のごとし」という言葉があります。
「上善」とは、「もっとも幸せな生き方」といった意味です。
つまり、「人間にとってもっとも幸せな生き方とは、水のような生き方をすることだ」
ということです。
水は、自然の法則にしたがって、高いほうから低いほうへと流れていきます。
自分の意思によって、流れを変えたりはしません。
また、水は、それを入れる器《うつわ》によって形を変えます。
丸い器に入れれば丸くなり、四角い器に入れれば四角くなります。

自分ならではの形というものはありません。また、水には、色も臭いも味もありません。まったく目立たない存在です。

しかし、この書の中で老子は、「そんな水の持つ性質を参考にして生きていくことが大切だ」というのです。

自己主張することなく生きるから、他人と言い争うことがありません。

これといった個性も持たずに生きるから、どんな人にも、どんな社会にもうまく調和していくことができます。

目立ったこともしないで生きていくから、なにごとからも解放されて、自由な気持ちで生きていくことができます。

これが、「水のように生きることが、もっとも幸せだ」ということなのです。

この老子の言葉も「個性がない」「目立たない」というコンプレックスを心で笑い飛ばして、もっと楽な気持ちで生きていくヒントになると思います。

**「水のような自由な生き方」に、むしろ誇りを持つ。**

# 「自分を変えたい」という熱意が、成功への道を開く

自分の性格に劣等感《れっとうかん》を感じている人が、「そんな自分を変えたい」という強い願望を持つことで、成功への道を切り開いていく場合があります。

人気俳優や、成功した女優には、「十代のころ、人見知りで引《ひ》っ込《こ》み思案《じあん》な性格だった。そういう自分の性格にコンプレックスを感じていた」という人は意外と多くいます。

人見知りで引っ込み思案な性格のために、友人も少なく、学校ではいつも隅っこのほうにいる目立たない存在だった、というのです。

しかし、俳優や女優は、大勢の人の前に立って演じる仕事です。

自分を見ている人に向かって、なにかを訴えかける仕事です。

目立つ存在でなければできない職業です。

普通に考えれば、人見知りで引っ込み思案な性格の人がとても就けそうな仕事ではありません。

ましてや、その業界で成功できるような仕事ではありません。

それなのになぜ成功した俳優や女優には、十代のころに人見知りで引っ込み思案な性格の人が多いのかといえば、それはその本人に「そんな自分の性格を変えたい」という強い熱意が働いたからだと思います。

その熱意に後押しされて、あえて人前に立つような目立つ職業を選び、そして人一倍努力して成功をつかみ取ったのです。

その結果、十代のころに人見知りで引っ込み思案な性格で悩んでいたこと、また誰かにそんな性格をからかわれたことなどを、「心で笑って済ませる」ことができるようになったのです。

**コンプレックスがあるからといって、なにもしないで悩んでばかりいない。**

# 不器用だった職人ほど、名声を上げるのはなぜか？

「職人は、不器用《ぶきよう》な人ほど出世する」という話があります。

不器用な職人は、若いころ、仕事を上手に仕上げることができません。

ですから、仕事を何度もやり直します。

そして、何度も仕事をやり直す段階で、「どうすれば、うまくいくのか」ということを考え試します。

それが結果的に、いい修業になるというのです。

不器用な人は、器用でものごとをうまくこなせる人よりも、仕事のことについて多く考え、色々なことを試します。

また、謙虚《けんきょ》に、まじめに仕事に取り組む傾向があります。

その結果、どこかの段階で、不器用だった人のほうが器用な人を通り越して、上達していきます。

不器用だった人のほうが、職人として名声を上げていくのです。

これは職人の世界ばかりでなく、ビジネスマンの世界、商売人の世界などにも共通していえることではないかと思います。

どんな世界であれ、不器用な人のほうが、多く努力し、多く考え、多く試行錯誤していくので、成功する可能性も高くなるのです。

今、不器用であることにコンプレックスを感じている人は、そもそも不器用をコンプレックスに感じる必要などないのです。

そんなコンプレックスは心で笑い飛ばして、うまくいくまで謙虚に努力を積み重ねていくことが大切です。

うまくいくまで何度も何度もやり直していく覚悟を持つことが成功の秘訣です。

## 不器用な人間ほど成功する可能性が高いと知る。

## 「心の中で笑って済ませる」ことができるから、挫折から立ち直れる

自動車メーカーのホンダを創業《そうぎょう》した本田《ほんだ》宗一郎《そういちろう》（20世紀）は、「苦しいときもある。夜眠れぬこともあるだろう。どうしても壁がつき破れなくて、自分はダメな人間だと劣等感にさいなまれることもあるかもしれない。私自身、その繰り返しだった」と述べました。

本田宗一郎はエンジニア、つまり技術屋でした。

車やオートバイのエンジンや車体を手によって作り出していくのですから、手に職を持って仕事をしていく、広い意味での職人と呼べます。

しかも、若いころは、あまり器用な人間ではなかったのかもしれません。

どちらかというと、不器用な人だったのでしょう。

この彼の言葉から、それがうかがえます。

しかし、うまくいかないことがあっても、壁にぶつかることがあっても、そこで終わる人ではありませんでした。

壁にぶつかって、不器用な自分に劣等感をおぼえながらも、立ち直り、仕事をやり直し、また壁につき当たってはやり直す、ということを繰り返してきたのです。

繰り返し繰り返しやり直してきたからこそ、結果的に人よりも多く努力することになって、それが彼を成功に導《みちび》いたとも考えられるのです。

では、なぜ「劣等感をおぼえながらも、繰り返し立ち直る」ことができたのでしょうか？

それは、彼には、不器用である自分に劣等感をおぼえながらも、どこかで失敗を「心で笑って済ませる」という楽天的な性格があったからだろうと推察《すいさつ》されます。

深刻《しんこく》に悩みすぎなかったからこそ、早く立ち直ることができたのだと思います。


**壁にぶつかることがあっても、笑って立ち直っていく。**

**著者略歴**

心理カウンセラー。東京都に生まれる。学習院大学を卒業し、資生堂に勤務した後に「心理学」「東洋思想」「ニューソート哲学」の研究に従事。一九八六年、二〇年間の研究成果として独自の「成心学」理論を確立。一九九五年、「産業カウンセラー」（労働大臣認定）を取得。

著書には、ベストセラー『話し方を変えると「いいこと」がいっぱい起こる!』（三笠書房王様文庫）、『折れない心をつくるたった1つの習慣』（青春出版社）、『花を咲かせる100のルール』（アスペクト）、『「悪い流れ」がガラリと変わる魔法の習慣』（PHP研究所）、『平常心のコツ』（自由国民社）などがある。

近著には、『悩みごとの9割は捨てられる』（あさ出版）、『鈍感になるほど人生がうまくいく』（講談社）、『すぐやる技術』（海竜社）などがある。

# 嫌《いや》なことを笑《わら》って済《す》ませる心《こころ》の習慣《しゅうかん》
## ――めげたり、怒《おこ》ったりは負《ふ》の心理《しんり》

二〇一六年八月七日　第一刷発行

著者　植西《うえにし》　聰《あきら》

発行者　古屋信吾

発行所　株式会社さくら舎　http://www.sakurasha.com
東京都千代田区富士見一-二-一一　〒一〇二-〇〇七一
電話　営業　〇三-五二一一-六五三三　FAX　〇三-五二一一-六四八一
編集　〇三-五二一一-六四八〇　振替　〇〇一九〇-八-四〇二〇六〇

装丁　石間　淳

印刷・製本　中央精版印刷株式会社



ISBN978-4-86581-065-3